AF613746

PROCEZ VERBAL

De l'Assemblée Extraordinaire de Messeigneurs les Archevêques & Evêques, tenuë en l'Archevêché de Paris, aux mois de Mars & de May, 1681.

A PARIS,
Chez FEDERIC LEONARD Imprimeur ordinaire du Roy, & du Clergé de France, rue S. Jâques, à l'Ecu de Venize.

M. DC. LXXXI.

Avec Privilege de Sa Majesté.

PROCEZ VERBAL de l'Assemblée extraordinaire de Messeigneurs les Archevêques & Evêques, tenuë en l'Archevêché de Paris, aux mois de Mars & de May, 1681.

Monseigneur l'Archevêque de Paris, President.

L'AN mil six cens quatre-vingt un, le Mercredy dix-neuviéme Mars, Messeigneurs les Archevêques & Evêques qui étoient à Paris pour les affaires de leurs Diocéses, ayant été convoquez en la maniere accoutumée, & suivant les Reglemens du Clergé, se sont rendus sur les deux heures de relevée chez Monseigneur l'Illustrissime & Reverendissime Messire François de Harlay Archevêque de Paris, Duc & Pair de France, Commandeur des Ordres du Roy, Proviseur de Sorbonne, qui étoit le plus ancien de ceux qui se sont trouvez en cette Ville; Illustrissimes & Reverendissimes Seigneurs Messires Jean de Montpezat de Carbon Archevêque de Sens, Primat des Gaules & de Germanie; Charles Maurice Le Tellier Archevêque Duc de Reims, Premier Pair de France, Legat né du S. Siege Apostolique, Primat de la Gaule Belgique; Charles Brulart de Genlis Archevêque & Prince d'Ambrun; François Rouxel de Medavi Archevêque de Roüen & Primat de Normandie; Michel Amelot Archevêque de Tours; Hyacinthe Serony Premier Archevêque d'Alby; Louis d'Anglure de Bourlemont Evêque de Carcassonne, nommé à l'Archevêché de Bordeaux; Claude Auvry ancien Evêque de Coûtances; Henry de Laval Evêque de la Rochelle; Denys Sanguin Evêque de Senlis; Michel Tubeuf Evêque de Castres; François de Nesmond Evêque de Bayeux; François de Bataillier Evêque de Bethléem; Gabriel de Roquette Evêque d'Autun, Comte de Saulieu, Président né & perpetuel des Etats de Bourgogne; Edoüard Valot Evêque de Nevers; Charles François de Lomenie de Brienne Evéque de Coûtances; Jacques Benigne Bossuet ancien Evêque de Condom, cy-devant Precepteur de Monseigneur le Dauphin, & Premier Aumônier de Madame la Dauphine; Louis de la Vergne Montenard de Tressan Evêque du Mans, Premier Aumônier de Monsieur Frere unique du Roy; Guy de Seve Evêque d'Arras; Louis Anne Aubert de Villeserin Evêque & Seigneur de Senez; Louis Marie Armand de Simianes de Gordes Evêque Duc de Langres, Pair de France, Conseiller du Roy en ses Conseils, & Premier Aumônier de la Reyne; Louis de Thomassin Evêque & Seigneur de Vence; Paul Philippe de Chaumont Evêque d'Acqs; Jean Louis de Fromentieres Evêque d'Aire; Anne Tristan de la Baume de Suze, ancien Evêque de Tarbes; Jacques Potier Evêque de Cisteron; Jean Baptiste de Beaumanoir de Lavardin Evêque de Rennes; Charles le Goux de la Berchere Evêque de Lavaur; François de Bouthillier Evêque de Troyes; Louis Antoine de Noailles Evêque Comte de Chaalons, Pair de France; Gilles de Bauvau Evêque de Nantes; Pierre Dulaurent Evêque du Bellay; Pierre de la Broüe Evêque de Mirepoix; Jean Baptiste d'Estampes nommé à l'Evêché de Marseilles; François de Poudenx nommé à l'Evêché de Tarbes; Louis Joseph de Grignan nommé à l'Evêché d'Evreux; Hippolite de Bethune nommé à l'Evêché de Verdun; Henry Guillaume le Jay nommé à l'Evêché de Cahors; Humbert Ancelin nommé à l'Evêché de Tulles; Louis Habert de Montmort nommé à l'Evêché de Perpignan; & Antoine le Comte nommé à l'Evêché de Grasse.

Tous ayant pris leurs rangs & leurs séances dans l'ordre ordinaire, Monseigneur l'Archevêque de Paris presidant (aprés avoir fait la priere du Saint Esprit) a dit que plusieurs affaires importantes à l'Eglise Gallicane, avoient obligé Messieurs les Agens de demander au Roy permission de tenir cette Aſſemblée; Et Sa Majeſté l'ayant permis, il leur avoit donné l'ordre de faire la convocation; en conſequence de quoy, tous Meſſeigneurs étant aſſemblez, il étoit neceſſaire d'entendre ce que l'on avoit à propoſer à la compagnie, pour prendre enſuite tous enſemble les réſolutions que l'on trouveroit juſtes & raiſonnables; que pour cet effet il eſtimoit neceſſaire de commencer par la lecture du Memoire preſenté au Roy, & d'entendre les Agens.

Aprés quoy Monſieur l'Abbé de Beſons Agent a fait la lecture du Memoire ſuivant.

MEMOIRE

PRESENTÉ AU ROY,

par les Agens Generaux du Clergé de France, contenant leurs plaintes, de ce qui a été fait en Cour de Rome, & que l'on a tenté d'executer en France depuis ſix mois, contre la diſpoſition des Canons, contre les Libertez de l'Egliſe Gallicane & les loix du Royaume.

QUELQUE reſpect qu'ayent leſdits Agens pour l'autorité du S. Siege, & la perſonne de noſtre S. Pere le Pape, ils ne peuvent s'empêcher, ſans trahir leur devoir, de faire connoître à Sa Majeſté, qu'il a paru pluſieurs Brefs ſous le nom de nôtre S. Pere le Pape Innocent XI, qui ont été inſpirez à Sa Sainteté par des perſonnes mal-intentionnées, dans leſquels il ſe trouve pluſieurs choſes contraires aux Maximes, aux Loix, & aux Libertez de l'Egliſe Gallicane, aux Canons qui s'y obſervent, & au Concordat qui doit y eſtre gardé.

Le Bref du 18 Decembre, qui cenſure & qui condamne au feu l'Arreſt du Parlement de Paris, du 24 Septembre 1680, dans lequel Arreſt ſont expliquées les Maximes & les Loix du Royaume pour la défence de l'autorité des Evêques.

Les Brefs addreſſez à Sa Majeſte pour empêcher l'execution des deux dernieres Déclarations données ſur la Regale, qui ſont conçûs dans des termes durs & menaçants, leſquels Brefs donnérent lieu à la derniere Aſſemblée d'en témoigner à Sa Majeſté un déplaiſir tres ſenſible; Ce qui ayant attiré contre elle depuis ce temps-là pluſieurs libelles injurieux, excite le zéle deſdits Agens à procurer la réparation de ces outrages.

Tous les autres Brefs donnez ſur l'affaire de Pamiez, & envoyez, ſoit à feu M. l'Evêque de Pamiez, ſoit à M. l'Archevêque de Toulouſe; mais particulierement les deux derniers, dont l'un datté du 23 Septembre confirme l'Election des prétendus grands Vicaires établis par le Chapitre, le ſiege étant vacant, avec injonction de les reconnoître ſous les dernieres peines de l'Egliſe; & l'autre donné le premier de l'année courante, par lequel Sa Sainteté prononce une excommunication actuelle contre M. de Toulouse, sans garder aucune des formalitez observées dans le Royaume; lequel Bref a été affiché de nuit dans Toulouse, avec une prétenduë Ordonnance du Frere Jean Cerle, soy disant grand Vicaire du Chapitre de Pamiez, injurieux à l'Episcopat, & également préjudiciable à l'Eglise & à l'E'stat.

Les Brefs donnez en l'affaire de Charonne.

Le Bref du 18 Decembre dernier, qui condamne le livre des Causes Majeures, composé par le sieur Gerbais Docteur de la Societé de Sorbonne, comme contenant une Doctrine Schismatique, suspecte d'Heresie, & injurieuse au saint Siege, qui défend de le retenir, & le lire, sous peine d'excommunication reservée, hors le cas de mort, & qui ordonne aux Evêques de le faire brûler.

Dans tous lesquels Brefs, ceux qui ont tâché de broüiller le Pape avec le Roy, & de semer la mesintelligence entre ces deux Puissances, ont travaillé à ruiner les Canons reçûs & observez en France, & à détruire le Concordat : car tout leur dessein a été d'engager Sa Sainteté à juger sur de simples relations, sans aucune appellation, *omisso medio*, & dans son Tribunal à Rome confirmer de son pur mouvement, & par le seul motif de sa plenitude de puissance, des elections nulles & invalides, priver des Evêques de leur autorité ordinaire, des Archevêques & des Primats de leur jurisdiction

jurisdiction superieure, & intervertir l'ordre des jurisdictions Ecclesiastiques.

Pour arréter le cours de ces maux, lesdits Agens Generaux estiment qu'il est necessaire, & qu'il est de leur obligation d'assembler Messieurs les Prelats qui sont auprés de sa Majesté pour la poursuite des affaires de leurs Eglises ; afin que par leur prudence singuliere, ils trouvent les moyens de remettre les choses dans l'ordre, en gardant ce qu'ils doivent au saint Siege, à nôtre saint Pere le Pape, au Roy, à l'Estat, à leur dignité, & à leur jurisdiction.

Aprés la lecture de ce Memoire, Monseigneur l'Archevêque de Paris ayant demandé à Messieurs les Agens s'ils avoient quelques remontrances à faire à la Compagnie sur ces chefs, Monsieur l'Abbé Desmarets a representé,

Que Monsieur l'Abbé de Besons & luy, avoient regardé l'honneur que la derniere Assemblée leur avoit fait de les charger du soin des affaires du Clergé, comme un avantage d'autant plus grand pour eux, qu'ils avoient le bonheur de commencer à travailler dans un temps où le Roy donnoit à l'Eglise les marques les plus éclatantes, qu'elle ait encore reçuës de sa pieté, & du zéle que Sa Majesté a toûjours eu, pour luy procurer toutes sortes d'avantages.

Qu'en effet la derniere Assemblée s'étoit trouvée dans une heureuse necessité de changer en de tres-humbles actions de graces, les remontrances que les Assemblées precedantes faisoient autrefois, pour obtenir de Sa Majesté, qu'il luy plût de contenir ceux de la R. P R. dans les bornes des Edits, & les empêcher d'y contrevenir par toutes les entreprises qu'ils faisoient continuellement, au mépris des loix, & au scandale de l'Eglise.

Que ce n'étoit pas icy le lieu de rappeller toutes les Déclarations, les Edits, & les Arrests qui ont été donnez pour en arréter le cours, faciliter aux Heretiques les moyens de se convertir, proteger ceux à qui Dieu a fait cette grace, contre les insultes, & les mauvais traitements, qui leur sont faits en haine de leur conversion ; & enfin pour empêcher les Catholiques de se pervertir.

Qu'un nombre presque infini de Temples abbatus, d'exercices de la R. P. R. interdits, d'Heretiques convertis ; des Predicateurs de l'Evangile envoyez dans les parties de la terre les plus éloignées, & aux Nations du monde qui ont le moins de connoissance de nôtre sainte Religion ; ces Missions soûtenuës par la liberalité de ce grand Prince ; le soin qu'il a toûjours pris d'étoufer toutes les nouveautez dans leur naissance ; enfin tant d'autres actions connuës de toute la terre, (& dont une seule suffisoit autrefois pour faire l'éloge des Princes les plus Religieux) étoient autant de témoignages publics de sa pieté, dont l'Eglise ne pouvoit assez luy marquer sa reconnoissance, & qui luy attireroient éternellement le respect & la veneration de tous les peuples Chrétiens.

Qu'auſſi la derniere Aſſemblée ayant eu connoiſſance de ces Brefs écrits à Sa Majeſté par nôtre ſaint Pere le Pape en termes durs & menaçants, elle avoit crû qu'il étoit de ſon devoir de donner en ce rencontre des marques publiques du déplaiſir qu'elle reſſentoit de voir le Fils aîné de l'Egliſe, & le ſeul Prince qui ſoit aujourd'huy en état de la proteger, traité comme ceux qui en ont uſurpé les droits.

Que depuis on avoit vû paroître dans le Royaume pluſieurs Brefs, dans leſquels il ſe trouvoit pluſieurs choſes, qui paroiſſoient directement contraires aux Maximes, aux Loix, & aux Libertez de l'Egliſe Gallicane, & tres prejudiciables à l'autorité des Ordinaires, & à la juriſdiction ſuperieure des Metropolitains, & des Primats.

Que quelque reſpect & ſoûmiſſion qu'ils ayent pour le ſaint Siege, & pour la perſonne de Sa Sainteté, ils avoient crû être indiſpenſablement obligez, par le devoir de la charge, dans laquelle la derniere Aſſemblée leur a fait l'honneur de les recevoir, d'en donner avis à Meſſeigneurs les Prelats qui ſont preſentement à Paris, & de leur remettre les pieces entre les mains; afin qu'en ayant une connoiſſance exacte, ils puiſſent prendre les reſolutions qu'ils eſtimeront neceſſaires.

Et aprés avoir expoſé en peu de paroles ce qui eſt contenu dans toutes ces pieces, il a dit, qu'ils ne rapporteroient pas ce que les Evêques de France avoient fait, lorſque l'Egliſe Gallicane avoit été attaquée par de ſemblables entrepriſes ; & à fini par ces paroles de Nicolas premier à Hincmar Archevêque de Reims : *Videte ſi hæc Eccleſiæ Chriſti non præjudicent ; videte ſi tolerabilia valeant æſtimari ; conſiderate ſi debeatis Eccleſiæ Sanctæ Dei iſtas derogationes ingerere.*

Cette remontrance faite, Monſeigneur l'Archevêque de Paris a dit, que l'on avoit aſſez reconnu par la lecture du Memoire & par la remontrance qui venoit d'être faite, l'importance des affaires qui avoient obligé de convoquer cette Aſſemblée, qu'il n'étoit pas neceſſaire d'en faire preſentement une plus grande explication, & qu'il n'y avoit qu'à prendre les avis de la compagnie ; cequi a été fait à l'inſtant : & dans les avis chacun a témoigné que le Clergé de France ayant toûjours conſervé un grand reſpect pour le ſaint Siege, une fidelité inviolable au Roy, une fermeté inébranlable pour la conſervation des Droits & des Libertez de l'Egliſe Gallicane ; il falloit demeurer dans cet eſprit, qui avoit toûjours rendu l'Egliſe de France ſi auguſte. Et Monſeigneur l'Archevêque de Paris a été prié par une deliberation unanime, de remercier tres humblement le Roy d'avoir bien voulu donner ſon approbation à l'Aſſemblée, de ſupplier Sa Majeſté de luy continuer ſa protection ; & par la même déliberation Mondit Seigneur l'Archevêque de Paris a été prié de nommer ſix Commiſſaires, pour examiner conjointement avec luy les actes & pieces, concernant les affaires presentes; le livre du sieur Gerbais, & celuy du sieur David, intitulé, *Des Jugemens Canoniques des Evêques*, imprimé à Paris en 1671. pour faire du tout leur rapport à l'Assemblée, dans le temps qu'ils le trouveront à propos. Ensuite de quoy Monseigneur le President à nommé pour Commissaires, Messeigneurs les Archevêques de Reims, d'Ambrun, & d'Alby, & Messeigneurs les Evêques de la Rochelle, d'Autun, & de Troyes.

DU PREMIER MAY 1681,

A deux heures de Relevée.

Monseigneur l'Archevêque de Paris President.

L'ASSEMBLE'E ayant été de nouveau convoquée conformement à la premiere deliberation, Messeigneurs les Archevêques & Evêques cy-dessus nommez (à l'exception de quelques uns qui pour leurs affaires pressantes s'en étoient retournez dans leurs Diocéses) & encore Illustrissimes & Reverendissimes Seigneurs Messires François Faure Evêque d'Amiens; Armand de Bethune Evêque du Puys, Suffragant immediat de l'Eglise Romaine; Charles de Pradel Evêque de Montpellier; André Colbert Evêque d'Auxerre, & Jean d'Estrées nommé à l'Evêché de Laon se sont rendus dans la Salle de l'Archevêché de Paris; où ayant pris leurs Seances, & fait la priere accoutumée; Monſeigneur le Preſident a dit, que Meſſeigneurs les Commiſſaires & luy s'étant aſſemblez pluſieurs fois, avoient travaillé avec toute l'exactitude poſſible, ſur les affaires preſentes, & qu'ils étoient prêts de rendre cônte de tout ce que l'on avoit fait dans ladite Commiſſion, & même de déclarer l'avis qu'ils avoient jugé convenable de propoſer à l'aſſemblée, ce qu'ils feroient preſentement ſi la Compagnie l'avoit agreable; ce qui ayant été approuvé, Meſſeigneurs les Commiſſaires ont pris le Bureau, & Monſeigneur l'Archevêque Duc de Reims a dit:

MESSEIGNEURS,

Nous n'avons pû lire les trois Brefs que le Pape a écrits au Roy ſur la Regale, ſans être étonnez de l'aigreur qui y eſt répanduë, & ſans admirer la moderation avec laquelle Sa Majeſté les a reçûs : aprés les avoir bien examinez, & avoir fait des reflexions tres ſerieuſes ſur la chaleur avec laquelle on a engagé Sa Sainteté dans cette affaire, Nous ſommes demeurez perſuadez que nôtre caractere & nôtre naiſſance nous obligent indiſpenſablement à employer tout ce qui dépendra de nous, pour prevenir les ſuites de cette conteſtation, qui ne peuvent être que tres dangereuſes. C'eſt pour cela qu'avant que d'examiner la matiere qui a attiré ces Brefs; c'eſt a dire, les deux nouvelles Déclarations du Roy ſur la Regale, je croy devoir vous faire part des reflexions, que j'ay entendu faire à Meſſeigneurs Vos Commiſſaires, ſur la maniere dont ces Brefs ſont écrits.

10. *Fevrier* 1673. 11. *Avril* 1675.

Celuy qui les a compoſez ne peut pas ignorer à quel point le Roy a porté ſa Puiſſance; & cette ſeule conſideration l'auroit dû obliger à ſe moderer, quand il les a écrits; mais il ne ſçait pas ſans doute, que Sa Majeſté ne l'employe jamais plus volontiers, que lors qu'Elle trouve des occasions de donner des marques publiques de son zéle pour la Religion. Si ceux qui ont l'honneur d'approcher le Pape, sçavoient comme Nous, que le Roy nous accorde toûjours sa protection, quand nous y avons recours pour le bien de nos Diocéses ; qu'il previent souvent les justes demandes que nous luy pourions faire, & qu'on faisoit autrefois inutilement pour les affaires generales de l'Eglise ; qu'il s'applique de luy-même à ruiner l'Heresie dans ses Estats, avec tant de succés, qu'on peut croire sans se flater, que si Dieu nous conserve ce grand Prince aussi longtemps que tous les gens de bien le doivent desirer, il achevera d'étoufer ce monstre dans son Royaume : s'ils étoient, dis-je, bien informez de cette heureuse situation de l'Eglise de France ; ces trois Brefs que Vous avez lûs, n'auroient pas été conçûs en des termes si forts & si durs ; le dernier ne donneroit pas à entendre à toute la Chrétienté, que le Pape croit le Roy capable d'abuser de la grandeur de sa Puissance contre le Chef de l'Eglise ; & il ne seroit pas plein de menaces, dont les anciens Papes ne se sont pas même servis quand ils ont crû estre obligez à défendre l'Eglise contre des Princes qui étoient entierement opposez à sa Doctrine, & qui s'élevoient avec toute leur autorité contre les decisions des Conciles.

Ce qui Nous a touché davantage dans cette occasion,

occasion, est que ces Brefs s'étant répandus dans toute l'Europe, où on a affecté de les publier, les Etrangers jaloux de la gloire du Roy & de ses prosperitez, croiront volontiers qu'il se sert de son autorité pour affoiblir nos Droits & nos privileges: Quand la posterité-même verra le Fils aîné de l'Eglise, qui a fait la Loy à toute l'Europe conjurée contre luy, menacé dans ces Brefs du plus grand malheur qui luy puisse arriver, par un Pape aussi digne de l'être que celuy que nous avons ; elle demeurera persuadée que ce grand Roy aura imposé sur le Clergé une servitude insuportable, & qu'ayant fait naître des scandales dans le Sanctuaire, il se sera attiré avec un présage si affreux ces terribles paroles, *cum Christo, non nobiscum, tibi negotium erit in posterum.* Quoyque ces fausses idées soient clairement combatuës par la conduite que Sa Majesté tient dans les affaires de l'Eglise; elles pouront néanmoins séduire les esprits foibles, & faire des impressions dangereuses, si Nous ne marquons publiquement la douleur que nous avons de voir traitter dans tout le monde, comme un usurpateur des Droits de l'Eglise, un Prince qui n'a jamais refusé sa protection à ses Pasteurs, & qui nous donne sur cela tous les jours de nouveaux sujets de le remercier & de l'admirer.

Je sçay bien que c'est un Pere qui écrit à son Fils, que c'est le chef de tous les Evêques, qui à prétendu défendre la liberté de quelques Eglises de France, qu'on luy a representées comme assujetties à des ſervitudes nouvelles & dangereuſes ; & que dans cette vuë il ſeroit de nôtre devoir de remercier Sa Sainteté des offices qu'Elle a voulu rendre aux Egliſes des quatre Provinces, ſi ſes Brefs n'avoient plutôt l'air de monitions canoniques, que de remontrances paternelles : Je ſçay que le Pape ſe plaint par le dernier, qu'on n'avoit pas fait de réponſe au ſecond, qu'on n'avoit point d'égard à ſes prieres, n'y à ſes exhortations : Nous n'ignorons pas que Sa Sainteté étoit accablée de Lettres, qui étoient fabriquées à Rome par les gens de feu M. de Pamiez, qui abuſans de ſa facilité avoient porté avec eux des blancs-ſignez de ce Prélat. Ces ſeditieux n'avoient garde de repreſenter au Pape, comme des gens de bien l'auroient fait à leur place, que le Roy n'avoit été quelque temps ſans luy faire réponſe, que parce qu'il avoit de la peine à ſe réſoudre à en faire une qui ne pouvoit être agreable à Sa Sainteté : Ils aimoient bien mieux mettre tout en œuvre pour l'échaufer ſur cette matiere ; ils employoient toutes choſes pour porter les affaires à la derniere extremité ; ils n'ont pas même rougy de repreſenter à Sa Sainteté l'uſage de la Regale, que les Conciles & les Papes ont approuvé en pluſieurs occaſions, comme un monſtre, & comme une eſpece d'hereſie capable de ruiner dans l'Egliſe de France toute la pureté de la Religion. Ces eſprits violens n'ont pas épargné l'artifice & le menſonge ; ils ont fait des propoſitions horribles, que le Pape a toûjours rejettées ; & ils ont tenu cette conduite dans l'esperance que la verité ne dissiperoit jamais les nuages, dont ils tâchoient d'enveloper cette affaire auprés de Sa Sainteté ; *Romam cum mendaciorum suorum merce navigaverunt*, disoit autrefois S. Cyprien, *quasi veritas post eos navigare non posset, quæ mendaces linguas rei certæ prolatione convinceret.* Epistola 55.

Je ne peux icy m'empêcher, MESSEIGNEURS, de vous faire remarquer le tort que ces François dénaturez ont osé faire au Clergé de France, en faisant entendre au Pape que les plus grands & les plus zelez Prélats du Royaume parloient à Sa Sainteté par la bouche de M. de Pamiez, quoy que pour éviter de se commettre, ils se contentassent de faire des protestations & des diligences secrettes pour implorer la protection du S. Siege ; ce sont les propres termes que j'ay extraits d'un Memoire qu'on a donné à tous les Cardinaux qui sont presentement à Rome, depuis que M. le Cardinal d'Estrées y est arrivé : Sa Sainteté s'étoit expliquée dans le même sens par son troisiéme Bref : Peut-Elle croire sans nous faire une injure extréme, que le nombre de ces Prélats, qu'Elle traitte de *Viri fortes, & divinæ legis ac libertatis Ecclesiasticæ zelatores*, se reduise à deux ou trois de nos Confreres, ausquels on impute sur cela une conduite dont je ne les accuse pas, parce que je les estime trop, pour vouloir même les en soupçonner.

Cette conduite seroit assurément insoûtenable, car si ces Prélats étoient persuadez, comme on l'a ſuppoſé à Sa Sainteté, qu'un Evêque des quatre Provinces ne pouvoit pas obeïr aux Déclarations de 1673, & de 1675, ſans manquer à ſon devoir; les auroient-ils dû executer? & s'y étant publiquement ſoûmis, s'ils s'étoient contentez de faire des proteſtations ſecrettes, meriteroient-ils d'être appellez par le Pape *Viri fortes?* Ne pourrois-je pas leur appliquer avec plus de fondement ces paroles de S. Cyprien, *Fallaces in excuſatione præſtigias quæritis; nam qui vult videri propoſitis edictis ſatisfeciſſe, hoc ipſo jam paruit, quod videri paruiſſe ſe voluit?* Si la reſiſtance de M. de Pamiez avoit réveillé leur zéle, auroient-ils dû s'en tenir à n'écrire qu'en cachette? N'étoient-ils pas obligez de reparer leur faute pretenduë, en ſe joignant genereuſement à ce Prelat, pour défendre la liberté commune de leurs Egliſes; quand ils ne l'auroient fait, que pour éviter par là les reproches qu'on leur pourroit faire preſentement, de n'être entrez dans cette affaire, que par un eſprit de cabale, qui eſt plus criminel dans un Evêque, que dans tout le reſte des ſujets du Roy?

Epiſtola 31.

Les Egliſes des quatre Provinces ſont gouvernées par des Prelats conſiderables, & diſtinguez par leur vertu & par leur capacité, dont quelques-uns le ſont même par la pourpre du Cardinalat; ils ont tous, à l'exception de feu M. de Pamiez, executé les Déclarations, parce qu'ayant tout peſé au poids du Sanctuaire, ils ont crû que des gens ſages devoient obeïr dans cette occaſion , étant perſuadez avec Hincmar mon Predeceſſeur , *eſſe à talibus abſtinendum , undè inter Epiſcopalem autoritatem & Regalem poteſtatem , inter Eccleſiam & Rempublicam tantum ſcandalum poſſit oriri , quod facilè, ac ſinè diſpendio Religionis , vel detrimento rerum Eccleſiaſticarum poſteà non poſſit ſedari.* Leurs Confreres qui rempliſſent les Sieges des Egliſes qui ſont ſans conteſtation ſujettes à la Regale , ont approuvé leur conduite ; mais ſi nous avions été perſuadez que leur condeſcendance eût été criminelle, *non defuiſſent*, pour me ſervir encore une fois des termes du troiſiéme Bref, *viri fortes , & divinæ legis ac libertatis Eccleſiaſticæ zelatores*, qui auroient pris le party de l'Egliſe avec une fermeté vraiment Epiſcopale ; & ils en auroient défendu les Droits d'une maniere qui auroit fait voir que nous ne meritons pas le reproche qu'on nous fait, d'avoir eu dans cette occaſion une lâche complaiſance, qui nous rendroit d'autant plus coupables, que nous avons un Roy ſi juſte & ſi Religieux, qu'il n'exige rien de nous contre nôtre devoir , & qu'il mépriſeroit même ceux de nôtre Ordre , qui ſeroient capables de manquer à la moindre de leurs obligations.

tom. 2. Hincmari, Epiſtola 41. ad Hadrianum Papam.

Le Pape étoit ſans doute prevenu des impreſſions que ces eſprits emportez , dont je viens de vous parler , luy avoient données, lors qu'il commanda qu'on dreſsât ſon troiſiéme Bref : ceux qui ont executé ſur cela les ordres de Sa Sainteté, oubliant qu'ils alloient faire parler un Pape aussi distingué du reste des hommes par ses grandes vertus, que par sa haute Dignité ; & animez du même esprit qui conduisoit ceux qui travailloient sous Adrien second, dans le temps du grand differend que ce Pape eut avec Charles le Chauve, ont remply ce Bref d'aigreur, en se servant d'expressions éloignées de la moderation naturelle de Sa Sainteté ; parcequ'ils ne sçavent pas, *Sanctam Sedem cum modestia & discretione corripere, & salubriter corrigere, secundùm uniuscujusque personam & ordinem, solitam semper fuisse.* Mais dés que le Pape sera pleinement instruit de la conduite & des interêts du Roy par M. le Cardinal d'Estrées, qu'on aura découvert & dissipé tous les artifices, dont on s'est servi pour luy dérober la connoissance de ce qui se passoit dans le Royaume, qu'on luy aura fait voir que l'usage de la Regale n'est pas onereux aux Eglises qui y sont assujeties depuis plusieurs siecles, qu'il ne consultera que son cœur plein d'estime & de tendresse pour le Roy, & qu'il voudra bien se souvenir, que les affaires de l'Europe sont en tel état, qu'il ne peut esperer que de ce grand Prince, tout le secours qui luy est necessaire pour l'execution des grands desseins qu'il forme en faveur de l'Eglise, au bien de laquelle nous voyons avec admiration, que sans écouter la chair ny le sang, il consacre avec un zéle infatigable tous les precieux momens de son Pontificat ; il y a lieu d'esperer que Sa

Ann. 871.

tomo 2. Hincmari, Epistola 43. Caroli Calvi nomine ad Hadrianum Papam.

Sainteté animée par l'exemple d'Adrien second écrira au Roy dans les mêmes termes, dont ce Pape se servit en écrivant à Charles le Chauve, pour réparer la blessûre que ce Prince pretendoit avoir reçûe par les lettres de ce Souverain Pontife; *Si quædam litteræ delatæ vobis sunt aliter se habentes in superficie, vel subreptæ, vel à nobis extortæ, vel à qualibet persona confictæ, duriùs aut acriùs mordaciter sonantes, non oportet ad sonum, sed ad votum respicere; scimus enim quòd sis justus, amator, exaltator, & illustrator specialis in orbe terrarum, & permaximus Ecclesiarum Dei.*

tom. 3. Conc. Galliæ in Concilio Duziacensi, Epistola 29 Hadriani secundi ad Carolum Calvum.

Les Evêques de France assemblez dans mon Diocése à Douzy village situé delà la Meuse prés de Sedan, avoient instruit Adrien second des grandes qualitez de leur Roy, de la justice qu'il faisoit rendre, & qu'il rendoit luy-même à ses sujets; & luy ayant sur tout fait connoître qu'il ne manquoit jamais de donner sa protection à leurs Eglises, ils portérent ce Pape à changer de conduite, & à adoucir par cette lettre la dureté & l'amertume dont les precedantes étoient pleines. Si nous imitons, MESSEIGNEURS, la conduite prudente & zélée de ces grands Prelats, dont nous occupons les Sieges, nous devons esperer que Sa Sainteté, selon cette belle expression de S. Cyprien, *Consilium veritatis admittet*: Je ne doute pas même que nous n'ayons la consolation de voir bientôt une parfaite intelligence entre un grand Pape & un grand Roy, qui étans bien unis, sont

Epist. 71.

capables de faire plus de bien à l'Eglise, que tous leurs Predecesseurs.

Aprés ces considerations generales, sur lesquelles j'ay crû devoir un peu m'étendre, j'entre dans la matiere de la Regale, qui a attiré les Brefs, dont je viens de vous rendre cônte.

Il faut supposer que nos Roys sont il y a tres-long-temps en possession du droit de Regale: Alexandre III, Innocent III, Clement IV, Gregoire X, le second Concile de Lyon, & Gregoire XI, nos Predecesseurs mêmes dans l'Assemblée de Bourges l'ont reconnu & approuvé: On ne peut donc s'élever contre ce Droit en general, sans combattre l'autorité de ce Concile, & celle de ces grands Papes; ainsi le fondement de la Regale ne pouvant étre contesté par des gens éclairez, il ne s'agit presentement que de son extension.

Cette question n'est pas si aisée à décider en nôtre faveur, qu'on l'a voulu persuader au Pape: le Droit de la Regale est consideré par le Roy & par ses Officiers, comme un Droit de sa Couronne; Il a été traitté de *jus Regium*, depuis le Regne de Philippe le Bel: nos Roys ne l'ont jamais soûmis à aucun tribunal Ecclesiastique; ils ne pretendent pas même étre obligez de se conformer sur cette matiere à la Police & à la discipline de l'Eglise. On voit par les anciens Arrests du Parlement de Paris, que cette Compagnie a toûjours jugé sur ces principes; & ces maximes sont

communes

communes dans les Auteurs qui ont écrit sur la Regale. Le Parlement de Paris, par son Arrest du 24 Avril 1608, a donné lieu à la contestation presente ; voicy les propres termes de cet Arrest, *La Cour déclare le Roy avoir Droit de Regale en l'Eglise du Bellay, comme en toute autre de son Royaume, fait inhibitions & défences aux Avocats de faire aucune proposition au contraire.* Le Clergé s'étant plaint au Roy Henry IV, de cet Arrest, qui étoit donné contre les termes précis de la Déclaration de 1606, qui venoit d'être enregistrée ; ce grand Prince évoqua l'affaire à luy & à son Conseil, où l'Instance qui a depuis été jugée, fut liée dés ce temps là : Si les Prelats qui s'élevérent avec raison contre cet Arrest du Parlement, aprés avoir obtenu de Henry IV, une surseance à son execution, avoient crû pouvoir suivre l'exemple de Pierre Bertrand Evêque d'Autun, qui dans la défense qu'il entreprit en 1329, de la Jurisdiction Ecclesiastique, devant Philippe de Valois, en presence du Clergé de France, & d'une grande partie des Barons du Royaume, déclara dans le commencement de son discours, qu'il ne parloit pas *ad finem subeundi quodcumque judicium, sed solùm ad Domini Regis & aliorum assistentium conscientiam informandam* ; s'ils avoient, dis je, crû pouvoir suivre cet exemple, ils en auroient sans doute profité ; mais ils n'ont pas pû se défendre de reconnoître la Jurisdiction du Conseil ; parce qu'ils étoient persuadez, comme

Enregistrée sans modification le 29 Fevrier 1608.

Tom. 14. Biblioth. Patr. pag 87.

nous le sommes avec tout le reste du Royaume, qu'il n'y en a aucune autre, où cette affaire pût être traitée : Cela est si vray que les Assemblées du Clergé n'ont jamais pretendu qu'elle dût être portée à un tribunal Ecclesiastique. Sur ce principe les Evêques des quatre Provinces ont produit leurs tîtres ; ils ont été examinez par les gens du Conseil les plus éclairez, tellement qu'il est vray, que le jugement que le Roy a rendu, est contradictoire.

Tome premier des preuves des Libertez de l'Eglise Gallicane, page 611.

Philippe de Valois par son Ordonnance du mois d'Octobre 1334, vulgairement nommée la Philippine, à decidé de grandes difficultez excitées dans son Regne sur cette matiere. Louis Onziéme par sa Déclaration du 24 May 1463, a défendu à tous ses sujets de proceder pardevant aucuns Juges Ecclesiastiques, même en Cour de Rome, sur la Regale, sans que nous voyïons que les Papes Jean XXII, & Pie II s'en soient plaints. La Bretagne qui n'est reünie à la Couronne qu'en 1532, a été soûmise à la Regale par un Arrest du Parlement de 1598, sous le Pontificat de Clement VIII, qui n'en a fait aucune plainte, pas même au Cardinal d'Ossat, qui étant pour lors auprés de Sa Sainteté, reconnoît dans une de ses lettres, que le Roy pouvoit étendre la Regale sur tous les Evêchez de son Royaume.

Ibidem page 632.

Lettre 289.

Nous avons d'un autre côté toûjours été persuadez que le Droit de Regale eſt une ſervitude, qui principalement en ce qui regarde la collation des Benefices, ne peut être imposée que par l'Egliſe-même, ou de ſon conſentement: C'eſt ſur ce principe que le ſecond Concile de Lyon ayant toleré l'uſage de la Regale dans les lieux où elle étoit pour lors établie, & défendu en même temps de l'étendre davantage ſous peine d'excommunication, il faut convenir que les Egliſes qui y étoient aſſujetties en 1274, n'ont pas dû reclamer, comme elles n'ont jamais reclamé en effet, & que celles qui s'étoient conſervées juſques là dans leur liberté naturelle & Canonique, ont eu raiſon de ſe défendre juſqu'à la Déclaration de 1673, qui ſoûmet indifferemment toutes les Egliſes du Royaume à la Regale.

Ceux qui ont l'honneur de ſervir le Pape, n'ont pas aſſûrément une idée juſte de ce Droit; puiſque Sa Sainteté dans un de ſes Brefs au Roy en parle comme d'une affaire, *in quâ non ſolùm Gallicanæ, ſed totius Eccleſiæ dignitas, ſaluſque vertitur:* Il eſt pourtant conſtant qu'il ne conſiſte que dans la joüiſſance des fruits des Evêchez vacants, & dans la collation des Dignitez & des Prébendes qui vacquent dans les Egliſes, juſqu'à ce que les Sieges en ſoient remplis.

Que ces revenus ſoient regis par les Officiers du Roy, par l'Oeconome de l'Egliſe, ou par l'Evêque viſiteur, qui étoit autrefois envoyé par le Metropolitain ; que les Benefices soient conferez par le Roy ou par le Chapitre , ou reservez à l'Evêque Successeur ; c'est une matiere qui n'est que de pure discipline, sur laquelle l'Eglise à varié en des occasions bien plus importantes. Les Evêques , par exemple, ne choisissoient-ils pas autrefois tous les Beneficiers de leurs Diocéses , & ne les instituoient-ils pas dans les tîtres ? Ce Droit dont ils ont joüy pendant plusieurs siecles , n'a pas empêché que dans la suite , pour gratifier ceux qui ont contribué aux fondations & au rétablissement des Eglises , on leur ait accordé le privilege de presenter aux Benefices. Les peuples dans l'ancienne Eglise avoient suffrage dans les élections des Evêques : Le Clergé de la Ville, & celuy de la Campagne y étoient appellez : les Chapitres des Eglises Cathedrales se sont depuis vûs seuls dans la possession de faire ces élections : Un Concile & le S. Siege ont pourtant donné dans le dernier siecle à nos Roys, en abrogeant les Elections, ce beau Droit de nommer les Evêques, qui charge autant leurs consciences, qu'il honore leur Couronne. Ces differens changemens ne regardent pas le fonds de la Religion ; ce sont matieres de discipline, qui ne peuvent alterer, ny affoiblir les veritez & les maximes de la foy Catholique, lesquelles seules ne peuvent jamais souffrir aucun changement : *Regula fidei*, disoit autrefois Tertullien, *sola irreformabilis est : cætera correctionem novitatis admittunt.*

De Virginibus velandis.

Le Pape s'appuye principalement sur le Reglement du second Concile de Lyon, que Sa Sainteté veut faire executer. Il est constant que ce Concile a toûjours été respecté dans le Royaume comme un Concile general, & que les Evêques de France y ont assisté; mais nous apprenons d'un grand Evêque qui a travaillé aux Reglemens de cette sainte Assemblée, que ce Canon a été fait principalement sur les plaintes, que firent quelques Evêques du Royaume, de la maniere scandaleuse dont les Officiers du Roy dégradoient les biens des Evêchez vacans; & il nous apprend en même temps que ce Reglement ne fut pas executé, & que l'Eglise de France en tira peu d'avantage. Philippe le Bel dans sa fameuse contestation avec Boniface VIII au commencement du 14me. siecle, ne défendit pas par le Concile de Lyon la Regale, que ce Pape attaqua, mais sur l'exemple de S. Louis son ayeul, qui étoit mort quatre ans avant la tenuë de ce Concile. Ne seroit-il donc pas surprenant qu'on voulût exciter presentement des divisions, pour procurer l'execution d'un Canon, qui n'a pas même été executé dans un temps où il devoit avoir plus de force, & d'un Concile, qui n'auroit pas apparemment fait des defenses si expresses d'étendre la Regale, si elle avoit été en ce temps là dans l'état où elle a été depuis réduite par la moderation & par la pieté de nos Roys.

Guillaume Durand Evêque de Mandes.

Histoire de ce different, page 94.

Ce que je dis de la moderation de nos Roys me fait faire une reflexion importante : C'eſt, MESSEIGNEURS, que quand même le Roy jugeroit à propos de ſe rendre aux remontrances du Pape, Sa Majeſté voulant enſuite uſer de ſon Droit dans toute ſon étenduë, Elle pourroit, ſans qu'on eût aucune raiſon de s'en plaindre, au lieu de donner les fruits des Egliſes vacantes qui ſont inconteſtablement ſujettes à la Regale, aux nouveaux Evêques ; Elle pourroit, dis-je, en ſuivant l'exemple de ſes Predeceſſeurs devant Charles VII, les faire porter à ſon Epargne ; ce qui ſeroit aſſûrément d'un plus grand prejudice à l'Egliſe, que le nouveau joug que le Pape dit qu'on luy veut impoſer.

Nous ne pouvons trop admirer le zéle vraiment Apoſtolique, avec lequel Sa Sainteté travaille à rétablir l'ancienne diſcipline de l'Egliſe : Elle nous donne même un grand exemple, duquel nous devons eſſayer de profiter, pour la reforme de nos Diocéſes : Nous ne devons pourtant pas pretendre de renouveler tous les anciens Canons, ny attendre un ſi grand bien des ſaintes intentions du Pape ; car ſi Sa Sainteté l'entreprenoit, tout ce qu'Elle pourroit faire ſur cela, ſe reduiroit ſelon la penſée de S. Auguſtin a des efforts tres dangereux : *Ipſa quippe mutatio conſuetudinis, quæ adjuvat utilitate, novitate perturbat.* Si nous voulons examiner exactement ce qui ſe

Epiſt. 118. ad Januarium.

fait, & ce que nous ſommes obligez de tolerer, nous demeurerons aſſûrément perſuadez, que nous ſommes bien éloignez de pouvoir rétablir la diſcipline des Conciles de Nicée & de Calcedoine; puiſqu'on ne peut pas même exiger une entiere execution des Conciles de Latran, & de celuy de Trente, qui quoy qu'aſſemblé quaſi dans nos jours, n'a pas encore pû être publié en France, quelques inſtances que les Papes ayent faites ſur cela à nos Roys : il ne faut donc pas s'échauffer pour un Canon du Concile de Lyon, dont l'intelligence n'eſt pas claire, & qui n'a pas été executé, pendant qu'on ſe voit obligé à ſouffrir qu'un ſi grand nombre de Reglemens des Conciles, qui ont precedé & ſuivy celuy de Lyon, demeure ſans execution.

Vous jugerez aiſément, MESSEIGNEURS, de tout ce que j'ay eu l'honneur de vous dire, que les principes du Pape, & ceux des Officiers du Roy ſur la Regale, ſont directement opposez: le Pape croit que la Regale eſt un Droit émané de l'Egliſe; le Roy la regarde comme un Droit Royal, temporel, & inſeparable de ſa Couronne: le Pape ſe fonde ſur le ſecond Concile de Lyon, que Sa Sainteté regarde comme des bornes ſacrées qu'il n'eſt pas permis de paſſer; le Roy qui avec raiſon ne prétend pas être ſoûmis à un Concile pour un Droit purement temporel, ne reconnoît point par conſequent ſur cela l'autorité de celuy qu'on luy oppose ; Sa Majesté au contraire soûtient que ses Predecesseurs n'ont pû prejudicier à ses Droits ; & que s'ils ont eu des raisons pour conserver les Privileges des Eglises des quatre Provinces, Elle en a eu de plus puissantes, pour y faire revivre ce Droit de Regale, qui y avoit été suspendu par ces pretendus Privileges, ou par la negligence de leurs Officiers ; que les Evêques, comme je l'ay déja remarqué, l'ont reconnûe pour juge, & qu'ayant prononcé un jugement, Elle n'est obligée d'en rendre cônte qu'à Dieu seul.

Voilà, Messeigneurs, une disposition à une grande division entre les deux Puissances ; qui jugera ce differend ? le Pape fera des procedures ; les Parlemens les déclareront abusives ; on les traitera comme des entreprises sur le temporel du Roy ; & la pluspart des Officiers de Sa Majesté, pendant cette contestation, acheveront de ruiner la jurisdiction Ecclesiastique, qui est presqu'aneantie, & effaceront insensiblement de l'esprit des peuples le respect qu'ils ont pour leurs Pasteurs : Ainsi les desordres qui accompagneront indubitablement cette division, ne peuvent jamais être comparez avec les Privileges des Eglises des quatre Provinces, qu'on veut sauver ; & tous les efforts que le Pape fera pour rétablir leur pretenduë liberté, bien-loin d'être de quelque utilité, attireront beaucoup de veritables

tables maux ſur l'Egliſe de France. Nous eſtimons donc qu'il y va de nôtre honneur, & qu'il eſt de nôtre devoir de faire connoître à Sa Sainteté, que quoyque nous ne puiſſions trop loüer le zéle & la fermeté, avec laquelle nos Predeceſſeurs ont défendu la liberté des quatre Provinces juſqu'aux Déclarations de 1673, & de 1675; nous avons pourtant eu des raiſons tres fortes pour nous y ſoûmettre, & que par ces mêmes raiſons, dont nous eſperons que la pieté du Pape ſera touchée, nous croyons être obligez dans cette occaſion à faire tout ce qui dépendra de nous, pour rétablir entre Sa Sainteté & le Roy une parfaite correſpondance, *ſinè quorum concordia*, ſelon ces belles paroles d'Yves de Chartres, *res humanæ nec tutæ poſſunt eſſe, nec incolumes*. *Epiſtol. 60.*

Nous ſommes d'autant plus volontiers entrez dans ce ſentiment, qu'il eſt aſſûrément conforme à l'eſprit du Concile de Lyon, où le Pape Gregoire X préſidoit à plus de 500 Evêques, qui penetrez de l'obligation qu'on avoit aux Roys de France, qui avoient tout-recemment délivré l'Egliſe de l'Hereſie des Albigeois, & connoiſſans d'ailleurs qu'ils ne pouvoient reſiſter au Roy Philippe le Hardy, ſans expoſer cette même Egliſe à de grands malheurs, prirent le party de donner à la poſterité un grand exemple de moderation, en autoriſant par un Decret de

E

cette Sainte Assemblée ce qui étoit en usage sur la Regale ; quoyque cet usage se fût introduit contre la disposition des Conciles precedents.

Je croy, MESSEIGNEURS, ne pouvoir mieux finir ce que Messeigneurs vos Commissaires m'ont chargé de vous dire sur cette matiere, que par ces admirables paroles du même Yves de Chartres, dans lesquelles toutes les reflexions que nous avons faites sur une affaire si importante, sont renfermées en abregé : *Dicent forsitan fortiores fortiora, meliores meliora ; nos pro mediocritate nostra sic sentimus, non legem in talibus præscribentes, sed propter vitanda majora pericula Ecclesiæ, necessitati temporum, si commodiùs fieri non potest, cedendum esse intelligentes.*

Epistola 171.

MONSEIGNEUR l'Archevêque de Reims ayant achevé le Rapport de ce premier chef de la Commission, à dit, que Messeigneurs les Commissaires avoient examiné suivant l'ordre de la Compagnie, les livres des Sieurs Gerbais & David; que dans l'examen qu'ils avoient fait du premier, l'ayant trouvé plein d'une bonne Doctrine & de beaucoup d'érudition, ils avoient estimé devoir en former leur jugement par écrit; ce qu'ils avoient fait, pour le soûmettre à celuy de l'Assemblée avec tout le respect qu'ils luy devoient.

Qu'ils n'avoient pas été si edifiez de la Doctrine de celuy dudit Sieur David, laquelle leur avoit paru dangereuse; qu'ils l'avoient réduite à cinq chefs, ausquels tous ses sentimens se pouvoient rapporter; que cet Auteur ayant été averti des plaintes qu'on avoit faites contre son livre en l'Assemblée du 19 Mars dernier, il avoit crû devoir prevenir le jugement que l'Assemblée auroit sans doute porté sur son ouvrage, en déclarant ses veritables sentimens sur la Doctrine qu'on luy imputoit; que dans cet esprit il avoit remis entre les mains de Messeigneurs les Commissaires un écrit signé de sa main, contenant les éclaircissements sur son livre; que Messeigneurs les Commissaires avoient examiné cet écrit, & qu'ils en avoient été tres-satisfaits.

Que ſi la Compagnie le trouvoit bon, Monſeigneur l'Evêque de Troyes feroit la lecture du jugement de Meſſeigneurs les Commiſſaires ſur le livre du Sieur Gerbais, & de l'Eclairciſſement donné par le Sieur David ; afin qu'aprés cette lecture faite, l'Aſſemblée pût prendre ſur ces deux livres, telle réſolution qu'elle jugeroit à propos.

Et en même temps Monſeigneur l'Evêque de Troyes a lû les deux pieces ſuivantes.

APRES avoir examiné le livre qui a pour tître, *Dissertatio de Causis majoribus ad caput Concordatorum de Causis*, imprimé en 1679, composé par Me Jean Gerbais Docteur de Sorbonne, par l'ordre de l'Assemblée de 1665; Nous croyons que le zéle que ledit Sieur Gerbais a témoigné en prenant la défense des maximes fondées sur les anciens Canons, ausquels l'Eglise de France a toûjours été inviolablement attachée, mérite la protection de l'Assemblée; qu'Elle doit en suivant l'exemple de celle de 1670, loüer dans cette occasion son travail, & avoir de l'estime pour son erudition, particulierement en ce qu'il a écrit (en conformité de la relation imprimée par l'ordre de l'Assemblée de 1655, des déliberations du Clergé de France sur la Constitution d'Innocent X, de l'année 1653) pour justifier le Droit que nous avons de décider des matieres de Foy & de Discipline, & d'opposer l'autorité que nous avons reçûe immediatement de JESUS-CHRIST, aux nouveautez qui se pourroient élever dans nos Diocéses & dans nos Provinces, que Saint Augustin a estimée si puissante, qu'il a crû qu'elle suffisoit pour imposer silence aux Pelagiens, qui demandoient un Concile General; *Haud verò Congregatione Synodi opus erat, ut aperta pernicies damnaretur; quasi nulla hæresis aliquando, nisi Synodi Congregatione, damnata sit; cum potiùs rarissi-*

Lib. 4. ad Bonifaciũ, cap. ultimo.

mæ inveniantur , propter quas damnandas necessitas talis extiterit ; multóque sint atque incomparabiliter plures , quæ ubi extiterunt , illic improbari , damnarique meruerunt , atque indè per cæteras terras devitandæ innotescere potuerunt.

Les preuves que le Sieur Gerbais a employées dans ce livre, pour établir que l'Eglise Gallicane ne s'est pas éloignée de la discipline du Concile de Sardique, dont les Conciles & les Anciens Papes ont si souvent recommandé l'execution, selon laquelle les Evêques doivent être jugez en premiere Instance par leurs Confreres dans leurs Provinces, sont aussi dignes de l'estime de l'Assemblée, qui se sentant animée du même esprit qui porta celle de 1650, à faire signifier le 23 Novembre de la même année à M. le Nonce du Pape cette celebre protestation que nous avons dans nos Procés Verbaux, doit selon nôtre pensée déclarer qu'elle ne peut se départir en aucune maniere des genereux sentimens de nos Predecesseurs, qui paroissent par cette protestation, & par la Lettre que la même Assemblée écrivit à Innocent X.

Ces deux maximes sont si Canoniques, si conformes à l'esprit de l'Eglise, & aux Saintes Regles établies dans les anciens Conciles & autorisées par le Saint Siege, que nous ne pouvons pas nous persuader que l'intention du Pape ait été de les condamner, ny-même que Sa Sainteté ait crû que ſa Cenſure du 18 Decembre dernier pût y donner aucune atteinte.

Quoyque ce Bref, n'étant point revétu de toutes les formes qui ſont en uſage dans le Royaume, ne puiſſe y être executé; le profond reſpect que nous avons pour le Saint Siege, & pour la perſonne de nôtre tres-Saint Pere le Pape, nous ayant obligé à chercher ce qui a pû porter Sa Sainteté à le faire expedier, nous avons crû que certaines expreſſions, qui ont échapé à l'Auteur occupé à refuter les objections qu'on oppoſoit à une ſi Sainte Police, ont donné lieu à cette Cenſure : ainſi nous ſommes perſuadez qu'aprés avoir loüé l'application dudit Sieur Gerbais, & ſon zéle à défendre ces deux maximes, qui ſont ſi importantes à l'Egliſe de France, l'Aſſemblée doit luy ordonner de faire travailler à une ſeconde édition de ſon livre, dans laquelle il corrigera ce qui luy ſera marqué par Noſſeigneurs les Commiſſaires, qui ont lû & examiné ſon livre avec une grande application. Ainſi Signé,

FR. *Archevêque de Paris.*

CHARLES M. LE TELLIER, *Archevêque Duc de Reims.*

CHARLES, *Archevêque d'Ambrun.*

HYACINTHE, *Archevêque d'Alby.*

HENRY DE LAVAL, *Evêque de la Rochelle.*

GABRIEL, *Evêque d'Autun.*

F. BOUTHILLIER, *Evêque de Troyes.*

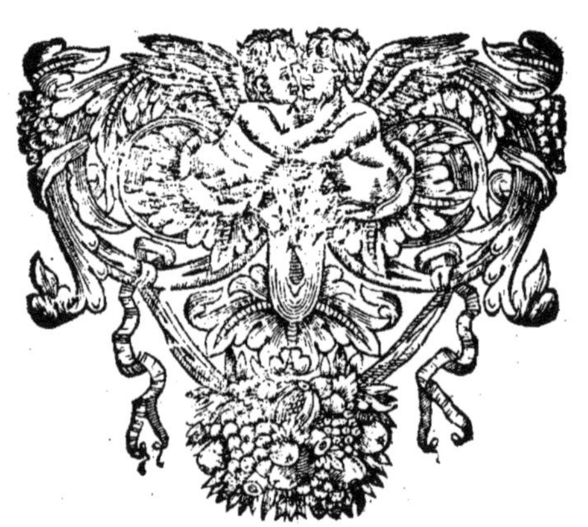

E'CLAIRCISSEMENT *sur mon Livre des Jugemens Canoniques des Evêques.*

JE croyois avoir pris toutes les precautions necessaires, non seulement par la Preface de mon Livre, mais encore par plusieurs protestations faites dans le corps de mon Ouvrage, pour me mettre à couvert de toute sorte de reproches ; & je croyois qu'un Auteur qui s'explique continuellement sur ce qu'il ne veut établir aucune doctrine, ny aucune regle de discipline, bornant toutes ses meditations dans le simple examen des faits, sans vouloir jamais passer dans le droit ; Je croyois, dis-je, qu'un Auteur qui parle de la sorte, ne seroit jamais obligé à défendre sa doctrine.

Mais ayant été informé que dans l'Assemblée de Messeigneurs les Prelats du 19 Mars dernier, où presidoit Monseigneur l'Archevêque de Paris, mon Diocesain, l'on s'étoit plaint que dans mondit Livre, il y avoit des maximes qui pouvoient choquer les Libertez de l'Eglise Gallicane, & quelques expressions par lesquelles on avoit fait entendre que j'avois manqué de respect à quelques-uns des plus grands Prelats de l'Eglise ; ce qui est aussi éloigné de mes intentions que de mon devoir. Comme je n'ay dans le cœur que des sentimens de respect pour un Corps aussi auguste, & une déference tres-respectueuse pour ceux que Dieu a prepolez sur moy en qualité de mes superieurs Ecclesiastiques; je les supplie d'agréer que je leur explique mon sens sur les propositions suivantes, avec toute la soûmission Canonique que je leur dois.

Les sentimens qu'on impute à mon Livre, suivant ce qui m'en a été communiqué, se reduisent à cinq chefs; à sçavoir,

1°, Que les causes des Evêques doivent être traitées en premiere instance pardevant le S. Siege.

2°, Que les Papes ont droit de retenir pardevers eux, ou de renvoyer dans les Provinces, les causes des Evêques de France.

3°, Que les Conciles ne peuvent rien, ny pour la foy, ny pour la discipline, sans la participation du Pape.

4°, Que le S. Siege est la source du Sacerdoce.

5°, Que le Pape est infaillible dans le fait.

Pour détruire le premier de ces sentimens, qu'on m'attribuë dans les reflexions qui m'ont été communiquées, il n'y a qu'à lire mon Livre; & l'on verra que je n'ay d'autre but dans cet Ouvrage, que de me renfermer dans le cas d'un Appel interjetté au S. Siege, de la Sentence renduë contre un Evêque par le Synode de la Province: Et quoy que ie n'aye point voulu examiner dans tout mon Livre, si le Pape avoit droit de déposer un Evêque en premiere instance; je me suis neanmoins formellement déclaré pour le contraire, ayant dit en termes exprés, dans la page 22, que le Synode de la Province doit être necessairement le premier Juge des Evêques ; laquelle doctrine est répanduë dans toute la suite de mon Livre.

Pour répondre au second chef, dont on m'accuse, qui est d'enseigner que les Papes ont droit de terminer par eux, ou de renvoyer dans les Provinces, les causes des Evêques de France, il ne faut que lire les trois protestations que j'ay faites, & que je repete icy en propres termes. La premiere est page 698 : mais avant que d'entrer dans cet examen particulier, ie dois prevenir icy le Lecteur, que mon intention n'est pas de soûtenir que quelque conduite qu'ayent pû garder ces anciens Papes, pendant leur vie, lorsqu'il a fallu instruire le Jugement de quelque Evêque de France ; voire même que quelque droit qu'ils ayent pretendu sur cela, mon intention, dis-je, n'est pas de soûtenir que cet usage, ou que cette pretension puissent être tirez à consequence, pour le temps present, ny qu'ils doivent servir de prejugé, ny faire maintenant aucune loy. Je me déclare icy formellement ; & mon dessein n'est pas d'entrer en aucune maniere dans la question du droit present ; je me borne entierement dans une simple question de fait ; je poursuis pas à pas mon Auteur ; j'examine avec luy ce qui s'est passé sous les Pontificats de ces Papes, & quelle a été l'interpretation qu'ils ont donnée aux Canons du Concile de Sardique : Je montre quelles ont été leurs pretensions, lors qu'ils ont parlé, ou qu'ils ont agy, pour faire le procés à quelque Evêque ; & si je tire des consequences de ces exemples, c'est pour les oppoſer aux conſequences qu'en a voulu tirer l'Auteur, ſans pretendre pourtant qu'elles doivent ſervir de regles pour le temps preſent. En effet ie ſçay que dans un fait de diſcipline, comme celuy-cy, les dernieres loix peuvent déroger aux plus anciennes. En un mot ie ſuis François, & l'amour de la verité, auſſi bien que de la patrie, m'engage à ſoûtenir nos veritables Libertez.

La ſeconde eſt page 750. Je ne ſçaurois me laſſer de repeter icy la déclaration que j'ay faite pluſieurs fois dans le chapitre precedent, touchant la fin que je me ſuis propoſée dans cet Ouvrage ; parce que je ſerois tres-fâché qu'elle fût mal expliquée, & que pour ne la connoître pas, on voulût d'une queſtion de fait & de critique toute pure, en faire une queſtion de Droit. Je répete donc icy une troiſiéme fois, que mon intention n'eſt pas d'établir des regles pour la Diſcipline preſente de l'Egliſe de France ; je ne prétens pas même en apporter des préjugez, & je me renferme entierement dans l'examen des points d'hiſtoire que l'Auteur a rapportez, & des reflexions qu'il en a tirées, ſans que mon deſſein ſoit d'entrer en façon quelconque dans la queſtion de Droit.

Et la troiſiéme eſt dans la page 852. Je ſuis obligé par la qualité de la matiere que je vais traiter, de renouveler une derniere fois les proteſtations que j'ay faites aux chapitres precedens ; afin que perſonne ne doute de la droiture de mon intention. Elle n'eſt donc pas d'agiter icy la queſtion, ſi les Papes peuvent juger dans Rome-même les cauſes de nos Evêques, ou s'ils en doivent renvoyer la connoissance sur les lieux: Il n'y doit point avoir sur cela de question à mon égard; & l'avantage que j'ay d'avoir été nourry dans le sein de l'Eglise de France, m'engage trop fortement dans ses interests pour pouvoir conspirer contre les Libertez, dont elle a toujours été si jalouse. Je sçay qu'une des principales consiste en ce que les sujets du Royaume ne puissent point être traduits hors de France, pour y être jugez: Ainsi c'est assez pour moy de connoître sa Loy, pour m'y soûmettre avec une entiere dépendance. Je conviens donc que les Papes doivent renvoyer devant les Juges de France la connoissance des causes qui regardent les Evêques de ce Royaume, &c.

Il me paroît qu'aprés de telles déclarations, on ne peut pas avec justice m'attribuer un sentiment contraire aux droits du Royaume, & aux veritables Libertez de l'Eglise Gallicane; & je n'ay jamais eu dessein de rien écrire dans mon Livre, qui fût contraire à ces trois protestations.

Bien loin que j'aye enseigné dans mon Livre, que les Conciles ne puissent rien, ny pour la Foy, ny pour la Discipline, sans la participation des Papes, comme on me l'attribuë, on peut dire, ainsi que je l'avois crû jusqu'à present, que tout mon Livre est une preuve du contraire; car à moins que d'être insensé, on ne peut pas prouver que le Pape peut connoître par appel des Jugemens rendus contre les Evêques par les Conciles Provinciaux, sans attribuer en même temps aux Conciles Provinciaux l'autorité de juger & de condamner les Evêques en premiere instance, sans la participation du Pape: Et ainsi tout ce que je prétens dire dans les endroits, d'où l'on a voulu inferer cette doctrine, n'est autre chose si ce n'est que le concours & la participation du Chef de l'Eglise Universelle est necessaire, afin que l'Ordonnance d'un Concile Provincial serve de Regle pour toute l'Eglise; déclarant icy nettement que l'on ne peut contester aux Evêques, qu'ils ne soient dans les Conciles, soit particuliers, soit generaux, les veritables Juges des matieres de Foy, ou de Discipline, qui s'y traitent; de sorte que dans la page 492, où il est porté que le S. Siege a une Puissance Judiciaire sur toute l'Eglise, avec une autorité de casser, ou de confirmer les Jugemens de tous les Synodes, au lieu du mot de *sur*, il faut mettre *dans*, qui exprime mieux mon veritable sentiment: & par les mots de *tous les Synodes*, je n'ay entendu parler que *des Synodes particuliers*.

La quatriéme proposition, par laquelle on veut que j'aye dit que le S. Siege soit la source du Sacerdoce de JESUS-CHRIST, est uniquement fondée sur les paroles de S. Cyprien, que j'ay rapportées dans la page 9 de mon Livre; *Vndè unitas Sacerdotalis exorta est*, qui s'y lisent traduites d'une maniere à faire entendre que le S. Siege est la source du Sacerdoce de JESUS CHRIST; mais la page 228 du même Livre, où les mêmes paroles de S. Cyprien sont encore rapportées, corrige l'erreur de l'Imprimeur, qui avoit ômis dans la page 9 le mot *d'unité*, qui se lit dans la page 228. Car il faudroit être dans des sentimens bien differens de ceux dans lesquels je suis, & ay toûjours été, pour vouloir que l'Episcopat n'eût pas son origine immediate de JESUS CHRIST ; puisque je n'ay jamais revoqué en doute que l'Episcopat ne soit de Droit divin, aussi bien que la Primauté du S. Siege accordée par JESUS-CHRIST à S. Pierre & à ses Successeurs.

Quant au cinquiéme & dernier reproche qu'on me veut faire, sur ce qu'on prétend que j'aye avancé des maximes dans mon Ouvrage, d'où l'on infere, que je veux établir l'infaillibilité du Pape dans le fait ; j'avoüe que je n'ay pû lire cette remarque sans quelque étonnement, de ce qu'on voudroit m'attribuer un sentiment si extraordinaire ; puisqu'il ne peut pas tomber dans la pensée d'un homme de bon sens d'attribuer au Pape une infaillibilité, qui ne peut pas être attribuée à toute l'Eglise Universelle. FAIT à Paris ce 24e jour d'Avril 1681. Signé, DAVID.

Cette lecture estant faite, Monseigneur l'Archevêque Duc de Reims a continué son Rapport, & a dit :

CE qui nous reste, MESSEIGNEURS, des affaires que vous nous avez ordonné d'examiner, se reduit aux deux Brefs que le Pape a écrits aux Religieuses de Charonne, à celuy qui a ordonné la suppression de l'Arrest du Parlement du 24e Septembre dernier, & à ceux que Sa Sainteté a fait addresser en des temps differents à M. l'Archevêque de Toulouse, à feu M. l'Evêque de Pamiez, & au Chapitre de cette

Eglise depuis la mort de son Prelat. Messeigneurs vos Commissaires ont executé vos ordres avec tant d'application, qu'en profitant de leurs lumieres & de leur travail, comme je l'ay déja fait sur l'affaire de la Regale, il ne me sera pas difficile de vous rendre de celles-cy un cônte tres-exact.

Je commence par celle de Charonne: Ce Monastere qui est de l'Ordre de S. Augustin de la Congregation de nôtre Dame, fut fondé en 1643 par feu Madame, Duchesse d'Orleans, tante du Roy; cette Princesse demanda au Pape que la premiere Superieure fust perpetuelle; ce qui luy fut accordé par Sa Sainteté: cette premiere Superieure étant decedée, le Roy nomma à ce Monastere une Religieuse de l'Ordre de S. Benoist, qui étant morte avant que d'avoir obtenu ses Bulles, donna lieu à une nouvelle nomination de sa Majesté, en faveur de Sœur Marie Angelique le Maistre, Religieuse de l'Ordre de Saint Bernard, que M. l'Archevêque de Paris jugea à propos d'établir Superieure de ce Convent en 1679.

Ce que j'ay eu l'honneur de vous dire de ce fait, MESSEIGNEURS, n'est pas, comme vous le pouvez croire, pour examiner en aucune maniere la procedure que M. de Paris a faite dans cette occasion; nous n'en sommes pas les juges, & si nous l'étions nous ne pourrions pas prononcer sur cette matiere, qu'aprés avoir fait nous mêmes des procedures, qui nous missent en état de porter un jugement. Nous sommes persuadez que M. de Paris n'a fait un changement si considerable dans cette maison, que parce

parce qu'il n'a pas trouvé d'autre moyen de pourvoir à tous ses besoins, & que dans toute cette affaire il n'a rien fait que suivant les regles Canoniques, dont il est parfaitement bien instruit.

Les Brefs que le Pape a écrits à ces Religieuses, sont conçûs d'une telle maniere, & leur disposition est si prejudiciable à nos Droits, que quand même M. de Paris auroit en cela tout le tort qu'on a supposé à Sa Sainteté, ces procedures qui blessent nos maximes, nous engageroient également à prendre la défense de nôtre autorité, qui y est visiblement interessée.

Le premier de ces Brefs est du 7e Aoust de l'année passée; il casse tout ce qui a été fait pour établir Superieure à Charône sœur Marie Angelique le Maistre; il ordonne aux Religieuses de ce Convent d'élire une autre Superieure, & leur défend d'obeïr à celle que M. de Paris leur avoit donnée. Ces filles au lieu de l'avertir, & de prendre ses ordres, comme elles y étoient obligées par le chapitre 7e de leurs Constitutions, & par le Bref même, qui leur enjoignoit de proceder à l'élection d'une Superieure triennale, *juxta Regularum præscriptum*, élûrent en execution de ce Bref Sœur Angelique Catherine Levesque, avec une precipitation scandaleuse.

La nouvelle de cette élection ayant été portée à Rome, les Officiers du Pape y expedierent le 15e Octobre suivant, un second Bref plus irregulier que le premier; car parce qu'on connoissoit bien que cette élection avoit eté faite contre toutes les regles, on supplée par ce Bref le manquement de toutes les formes ; on confirme l'élection de Sœur Levesque, & en cas même qu'il fût necessaire, le Pape l'élit pour trois ans. Ainsi vous voyez, MESSEIGNEURS, qu'on casse par ces deux Brefs, sur la simple relation des Religieuses, dans leur propre cause, tout ce que leur Archevêque a fait, sans l'appeller & sans l'entendre, sans qu'il y ait eu sur cela aucune instance portée à Rome par appel, ou sur un dény de justice : le Pape juge cette affaire *omisso medio ;* comment M. l'Archevêque de Lyon en auroit-il pris connoissance ; puis qu'on ne s'est point adressé à luy, & qu'il n'en a jamais entendu parler, que par le bruit qu'elle a fait dans le Royaume ? Sa Sainteté n'en renvoye pas le jugement *in partibus*, comme Elle y étoit obligée par le Concordat, au titre *de causis*. Elle confirme *autoritate Apostolica* une élection qui a été faite dans un Convent sans la participation de l'Ordinaire, qui en est le Superieur immediat : Elle supplée toutes les formes, même celles qui sont essentielles, qu'on auroit pû ômettre. Par le moyen de cette clause inserée dans ce second Bref, on a pretendu que le Pape avoit le pouvoir de tout suppléer, jusqu'au manquement de la connoissance qu'on doit avoir d'une affaire, même par le droit naturel, devant que de la juger. Cela est insoûtenable & d'une tres-dangereuse consequence ; car ces principes étans une fois établis, que deviendroient les regles prescrites dans le droit Canonique pour les élections ? que deviendroit la jurisdiction legitime des Ordinaires? La bleſſûre qu'on y fait par ces Brefs, eſt trop conſiderable pour la diſſimuler : Non, MESSEIGNEURS, nous ne devons point ſouffrir ſans nous plaindre, qu'on dépoüille un de nos Confreres de ſon autorité, quand on n'a point rendu un Jugement Canonique contre luy, quand il n'eſt point legitimement ſuſpendu de ſes fonctions dans les formes qui ſont en uſage dans le Royaume, & quand nous voyons qu'il n'a point eu une negligence criminelle dans l'affaire qui fait le ſujet de la conteſtation.

Le premier de ces deux Brefs ayant été mis par ordre du Roy, en original entre les mains de M. le Procureur General, il entra dans la Chambre des Vacations, où ſur ſa Requiſition l'Arreſt du 24 Septembre dernier, que vous avez entre les mains, fut rendu. C'eſt cet Arreſt dont on a ordonné la ſuppreſſion par un Bref en datte du 18 Decembre ſuivant: Sa Sainteté par ce Bref, *Motu proprio & de Apoſtolicæ poteſtatis plenitudine*, en défend la lecture, ſous peine d'excommunication, & Elle ordonne aux Evêques, ou aux Inquiſiteurs de la Foy, d'en brûler tous les exemplaires, qu'Elle veut qu'on leur remette entre les mains.

On n'a jamais entendu parler dans des affaires, même plus importantes, d'un ſemblable évenement : la memoire de Jean Chaſtel ne peut être renouvellée ſans horreur ; l'Arreſt prononcé contre ce parricide ne bleſſoit pas moins la Cour de Rome, que celuy du 24 Septembre ; on ſe contenta pourtant de le mettre à l'*Index*. Si on toleroit cette conduite, on oublieroit à la fin nos maximes ; car en flétrissant ainsi les Arrests qu'on donneroit au Parlement pour les conserver, ou pour châtier les François qui auroient la hardiesse de les attaquer, on se mettroit insensiblement à Rome en possession de nous dépoüiller d'un des plus fermes appuis qu'on ait dans le Royaume, pour se maintenir dans l'execution des anciens Canons, & dans l'usage du Droit commun.

Nous devons même par nôtre propre interêt prendre part à ce qui regarde cette Illustre Compagnie : Nôtre Jurisdiction n'y est-elle pas tous les jours conservée, de maniere que nous nous estimerions heureux, si les autres Compagnies Souveraines suivoient dans les jugemens qu'elles rendent sur nos affaires dans leurs differents ressorts, l'exemple de ce premier Parlement du Royaume ? Ne tirons nous pas aussi en toute sorte d'occasions beaucoup de secours des grandes lumieres, & des bonnes intentions de M. le Procureur General, qui dans son Discours a tres-bien défendu nôtre Jurisdiction & nos Libertez ?

Les Brefs que le Pape a écrits depuis deux ans à M. l'Archevêque de Toulouse, à feu M. de Pamiez, & au Chapitre de son Eglise depuis qu'elle est vacante, ne doivent être regardez, que comme une même affaire ; puisque c'est la contestation de la Regale qui les a attirez.

Vous sçavez, MESSEIGNEURS, que feu M. de

Pamiez n'ayant pas voulu se soûmettre aux Déclarations de 1673, & de 1675, fit contre des Ecclesiastiques pourvûs en Regale de quelques Prebendes de son Eglise, des procedures differentes, que M. de Toulouse cassa sur les appellations qui en furent interjettées devant luy. Ce Prelat étant decedé le 7e Aoust de l'année derniere, les anciens Chanoines Reguliers de son Eglise élûrent aprés sa mort des Officiers pour la gouverner : Ces nouveaux Officiers continuérent contre les Regalistes les procedures que feu M de Pamiez avoit commencées : M. de Toulouse leur Superieur immediat les ayant cassées, ils porterent apparemment leurs plaintes au Pape, qui écrivit deux Brefs, l'un à M. de Toulouse, & l'autre au Chapitre de Pamiez.

Nous ne devons pas faire une grande attention sur ces deux Brefs : Le premier ne contient qu'une exhortation à M. de Toulouse, dont personne ne peut, ny ne doit contester le droit au Pape : On nous a assuré qu'il y a répondu avec tout le respect qu'il doit à Sa Ste : Et comme il croit n'avoir rien fait contre les regles, nous ne doutons pas qu'il n'ait pris la liberté de faire souvenir Sa Sainteté, qu'on lit, *in Apostolicorum virorum litteris raro & magna necessitate fiendas objurgationes*. Celuy du 25 Septembre dernier, qui est addressé au Frere Michel d'Aubarede, & aux Chanoines de Pamiez, les anime à suivre les grands exemples de leur Evêque, qui venoit de mourir, & à conserver la liberté Canonique de leur Eglise.

Hincmarus ad Nicolaū primum apud Flodoardum, lib. 3. Historia Ecclesia Remensis, cap 13.

Le Bref du 2 Octobre suivant, addressé au Chapitre & aux Chanoines Reguliers de l'Eglise de Pamiez, contient des clauses plus considerables : Le Pape confirme par ce Bref les Officiers nommez par le Chapitre, & il s'engage à confirmer ceux qui pourront être élûs dans la suite; il défend d'en reconnoître d'autres : Il déclare nul tout ce qui sera fait par des Vicaires generaux, qui ne seront point élûs par les anciens Chanoines; & il ordonne que ce Bref sera publié dans le Diocése de Pamiez.

Ceux qui l'ont dressé peuvent-ils ignorer qu'il y a des cas, dans lesquels un Archevêque doit par les regles Canoniques pourvoir au gouvernement d'une Eglise de sa Province, quand elle est vacante? Quand même M. de Toulouse ne les auroit pas exactement suivies dans le cours de cette affaire, & quand il auroit fait toutes les fautes que ses parties luy imputent; ne falloit-il pas l'appeller & l'entendre? pouvoit-on decider cette contestation sans examiner ses procedures? Et ne devoit on pas prevoir qu'en luy liant les mains, comme on a voulu le faire par ce Bref, on exposoit ce Diocése à demeurer sans Officiers qui le pûssent gouverner; tous ceux que le Chapitre avoit nommez n'étant pas demeurez en état d'exercer leurs fonctions, par des évenemens ausquels M. de Toulouse n'a aucune part? Toutes ces procedures sont contre l'équité & contre toutes les regles de nôtre profession: Elles sont aussi contre la disposition expresse du Concordat; puisque sans commettre *in partibus*, on casse à Rome les Ordonnances que M. de Toulouse croit avoir

Conc. Trident. sess. 24. cap. 16.

renduës en execution des regles de l'Eglise.

Le Bref du premier jour de cette année est plus extraordinaire que tous les precedans : nous avons eu de la peine à comprendre comment on a osé le faire paroître sous le nom du Pape ; je dis, sous son nom ; parce que nous devons croire pour nôtre consolation, qu'il a esté expedié sans un ordre exprés de Sa Sainteté.

Ce Bref confirme une seconde fois les Officiers élûs par le Chapitre, & déclare que le Pape confirmera ceux que ce Chapitre élira ; comme s'il étoit juste de croire ces anciens Chanoines infaillibles, dans le temps que par l'effet de la prevention la plus extraordinaire, dont on ait jamais entendu parler, on traitte leur Metropolitain d'une maniere si indigne de son caractere, qu'on condamne par avance les choses mêmes les plus justes qu'il pourroit faire. Sur ce principe on défend par ce Bref aux Chanoines Regalistes, qu'on traitte d'intrus, & à M. de Toulouse, de nommer des grands-Vicaires ; on casse & on déclare nul tout ce que des grands-Vicaires par eux nommez pourroient faire ; on leur défend sous peine d'excommunication, de se servir de cette nomination ; & en cas qu'ils s'en servent, on les prive de leurs Benefices, & on les rend inhabiles à en posseder d'autres : On va plus loin ; car on excommunie d'une excommunication majeure, qu'on encourera de fait sans autre déclaration, tous ceux qui favoriseront ces grands-Vicaires & le Metropolitain-même : on ajoûte, pour faire plus d'éclat, & pour remplir les fidelles de ce Diocése de scrupules & d'inquietudes, cette derniere clause, *Monentes insuper utriusque sexûs fideles (de quorum æterna salute solliciti esse debemus) invalidas esse ac fore confessiones, quas presbyteri sæculares vel regulares vigore facultatis, à prædictis nulliter electis vel deputatis Vicarijs audiverint, vel in posterum audient ; nulla & invalida matrimonia coram Sacerdote non Parocho canonicè ingresso contracta vigore licentiæ ab eis concessæ : ac proinde sic contrahentes in concubinatu victuros ; idemque de Parochijs, & alijs beneficijs per eos collatis decernimus & ordinamus ; & de licentijs concionandi & de quocumque alio actu aut decreto per eos facto, vel faciendo.* Cette clause ne tend qu'à élever deux Autels dans le même Diocése, & qu'à exciter dans celuy de Pamiez un schisme & une division, dont on n'éteindra peut-estre le feu dans la suite, qu'avec beaucoup de peine.

Celuy qui a composé ce Bref, n'a pas sans doute fait reflexion sur la conduite de Jean VIII dans le jugement des affaires qui venoient à sa connoissance : *Nos qui Sacerdotum Domini*, dit ce Pape, *matura volumus esse judicia, nihil possumus in cujusquam partis præjudicium definire, priusquam universa, quæ gesta sunt, veraciter audiamus.* Il s'est bien éloigné de cette moderation ; puis qu'on fait casser au Pape par ce Bref le pouvoir des Officiers nommez par M. de Toulouse, sans les entendre, & sans examiner les motifs qui ont obligé ce Prelat à leur confier ce pouvoir ; & on prive de leurs benefices des Ecclesiastiques, qui exercent une charge qui a pû en de certains cas leur

Tom. 3. Concil. general. parte secunda Epist. 34.

être

être donnée par leur Metropolitain en execution des Canons : enfin on excommunie un Archevêque ; on prononce contre luy un jugement si terrible, sans le citer & sans l'entendre ; *grandis criminis*, disoit autrefois Saint Bernard en parlant d'un de mes Predecesseurs, *luit pœnas, nullius confessus, nullius convictus*. M. de Toulouse ne se trouve-t il pas presentement en état de faire au Pape les mêmes remontrances qu'Alberon Archevêque de Tréves faisoit autrefois à Innocent II, *Vires quas mihi subtrahitis, vobis minuitis, & contemptus meus ac dejectio mea redundat in vos ?* Et toute cette procedure se fait à Rome sans commettre *in partibus*, comme on y étoit obligé par le Concordat.

Epist. 246.

Inter Epist. divi Bernardi Epist. 177.

Quoy qu'on eust crû dans le Concile de Basle, & dans l'Assemblée de l'Eglise Gallicane tenuë à Bourges en 1438, que le Pape pouvoit pour des raisons importantes, retenir quelques causes, & les juger à Rome ; Leon X renonça dans le Concordat à cette clause, qui étoit favorable au Saint Siege, & qui auroit pû servir de pretexte aux procedures qu'on a faites à Rome dans les affaires presentes. Ce Reglement qui prescrit que les affaires Ecclesiastiques seront jugées dans le Royaume, n'est pas une discipline qui soit particuliere au Concordat : nous voyons dans la session 40 du Concile de Constance, que cette sainte Assemblée avoit eu dessein de reformer les abus qu'on commettoit touchant le jugement des affaires qu'on attiroit à Rome de toutes parts, sous pretexte des appellations : le Concile de Basle

Tom. 4. Concil. general. parte prima.

Tom. 3. Conc. general. parte secunda.

dans sa session 31, animé du même esprit executa ce que celuy de Constance avoit projetté ; & nous avons le Canon de ce Concile tout entier sous le tître *de causis*, dans la Pragmatique Sanction.

Tom. 4. Conc. general. part. 1.

Il nous est bien dur, MESSEIGNEURS, de voir que l'Eglise de France reçoit dans nos jours un traitement si extraordinaire ; & nous en devons être d'autant plus touchez, qu'un exemple de cette nature, sous le Pontificat d'un grand Pape, pour lequel nous avons avec toute l'Eglise tant de respect & de veneration, nous feroit dans la suite un grand prejudice, si pour en arrêter le cours, nous ne prenions la liberté de supplier Sa Sainteté de faire reflexion sur ces paroles que 217 Evêques d'Afrique assemblez à Carthage addresserent autrefois au Pape Celestin ; *quia & nulla Patrum definitione hoc Ecclesiæ derogatum est Africanæ, & Decreta Nicæna sive inferioris gradus Clericos, sive ipsos Episcopos suis Metropolitanis apertissimè commiserunt ; prudentissimè enim, justissiméque viderunt, quæcumque negotia in suis locis, ubi orta sunt, finienda.*

Tomo primo Conciliorum generalium, parte 1.

Tout ce qui blesse dans ces Brefs les Regles de l'Eglise vous paroîtra, MESSEIGNEURS, encore d'une plus dangereuse consequence, quand vous aurez fait reflexion sur les maximes qu'on a avancées pour les soûtenir.

L'Ecrit Italien, qui a paru comme une Apologie des Brefs de Charonne, & de celuy qui ordonne la suppression de l'Arrest du Parlement, suppose que la connoissance de cette affaire appartenoit au Pape, parce que c'est une Cause majeure : On y parle du

Concordat, comme d'une pure grace que Leon X a faite à François I, & on y soûtient que la Cour de Rome ne seroit pas beaucoup interessée, si ce Traité mutuel entre le S. Siege & la France n'étoit plus executé; puisque les Papes auroient, comme en Allemagne, l'avantage de confirmer les élections. Cet Ecrivain va plus loin; car il traite d'Heretiques ceux qui soûtiennent que nous tenons immediatement nôtre autorité de Jesus-Christ, & non pas du Pape: & pour convaincre sur cela, dit-il, les plus incredules, il ne nous donne point d'autre preuve de sa proposition, que celle qu'il tire des termes dans lesquels sont conçûës nos Bulles; que nous ne prenons pourtant ordinairement à Rome, que depuis le Concordat.

Le Frere Cerle, ou plûtost ceux qui osent faire les Ordonnances & les Lettres seditieuses qui paroissent sous son nom, trouvent que cette doctrine leur est commode pour s'élever contre l'autorité legitime d'un Metropolitain. Pour justifier les entreprises qu'on a faites contre luy, ils assûrent hardiment que le Pape n'est pas obligé à executer ce Concordat, qu'il peut luy donner l'interpretation qui plaît à Sa Sainteté; & ils établissent dans le S. Siege une autorité au dessus de celle de toute l'Eglise, contre les Decisions des Conciles de Constance & de Basle, reçûës & autorisées par l'Eglise de France. Nous avons un beau monument de l'acceptation de la doctrine de ces deux Conciles dans une Lettre dattée de Trente en 1563, du grand

Concil. Constant. sess. 4. Concil. Basil. sess. 2. Pragmat. Sanct. de autorit. Sanct. Concil.

Memoires pour le Concile de Trente, page 556.

Cardinal Charles de Lorraine mon Predeceſſeur, où faiſant gloire dans ſa plus grande élevation d'avoir eſté nourry en l'Univerſité de cette Ville, il ne fait point de difficulté de repreſenter au Pape Pie IV, que les François étoient tellement attachez à cette doctrine, qu'il croyoit *plus aisé de les faire mourir, que de les obliger à aller au contraire.*

Le Pape eſt au deſſus de tous les Evêques; Il eſt le Chef de l'Egliſe, le Centre de l'unité, & il a ſur nous une primauté d'autorité & de juriſdiction, que JESUS-CHRIST luy a donnée dans la perſonne de S. Pierre. Si on ne convenoit pas de ces veritez, on ſeroit Schiſmatique; je puis même dire, Heretique: mais on ſoûtient une verité Catholique, quand on dit que l'Epiſcopat tire ſon autorité & ſa juriſdiction de la même ſource, & que JESUS-CHRIST a donné immediatement aux Evêques leur divin pouvoir dans la perſonne des Apôtres; ce que S. Paul marque viſiblement, lors qu'il aſſûre qu'ils ont été établis dans l'Egliſe par le S. Eſprit; *Attendite vobis & univerſo gregi, in quo vos Spiritus Sanctus poſuit Epiſcopos, regere Eccleſiam Dei.*

Act. cap. 20.

J'abuſerois, MESSEIGNEURS, de l'honneur de vôtre Audience, ſi je voulois vous prouver la verité de cette propoſition, comme il me ſeroit aiſé de le faire par toute la Tradition. Je me contenteray donc de vous faire ſouvenir que Frere Bonaventure Chaſſaing Recollect ayant avancé la même doctrine ſur la ſource de nôtre Juriſdiction, qui eſt contenuë dans l'écrit Italien, ſon Livre fut censuré par l'Assemblée de 1650. Frere Jean Bagot Jesuite fut obligé d'expliquer ce qu'il avoit dit dans le même sens, sur la même matiere, dans son Livre qui a pour titre, *Défense du droit Episcopal*, pour éviter la Censure de l'Assemblée de 1655. La Faculté de Theologie de cette Ville, ce Corps celebre, dans lequel nous avons presque tous été élevez, censura le 24 May 1664, dix propositions contenuës dans le Livre de Jacques de Vernan, qui renouveloient cette doctrine, qu'elle avoit condamnée dans plusieurs occasions depuis l'an 1429. Voicy les termes de cette Censure, *Hæ propositiones, quarum duæ priores asserunt Apostolos non fuisse constitutos Episcopos à Christo; cæteræ verò, potestatem jurisdictionis ipsorum non esse immediatè à Christo, falsæ sunt, verbo Dei contrariæ, olim à sacra facultate reprobatæ.* Le 10. Decembre.

Les maximes de cet écrit Italien touchant l'ordre des procedures, ne sont pas moins irregulieres, que la doctrine par laquelle on a voulu justifier ces Brefs, qui n'a point d'autre fondement, que celuy de l'ignorance & de la flaterie.

Les causes majeures qui sont reservées par le Concile de Basle, par la Pragmatique Sanction, & par le Concordat, ne sont pas des affaires qui dépendent du caprice & de la legereté de ces Ecrivains; elles ne doivent pas même devenir majeures lors que le Pape le desirera; il faut qu'elles soient expressément contenuës dans le Droit Canonique; *Omnes quæcumque causæ, exceptis majoribus in jure expressè denominatis.* L'Auteur de cet Ecrit Italien, le Frere Cerle & ses Fauteurs chercheront inutilement un Canon, ou une Decretale inserée dans le Droit Canonique, qui traite de Cause majeure une affaire de la nature de celles de Charonne & de Pamiez.

Leur ignorance n'est pas moins grossiere, lors qu'ils prétendent que le Concordat n'est qu'une grace de Leon X[e], que ses Successeurs peuvent affoiblir, quand ils y trouvent leur avantage. Le Concordat est un Traité fait entre Leon X[e] & le S. Siege d'une part, & François Ier & son Royaume de l'autre, pour eux & leurs Successeurs, que le Pape a fait confirmer, comme il s'y étoit obligé par le Concile de Latran, qui étoit pour lors assemblé ; & que le Roy a fait publier & enregistrer, ainsi qu'il s'y étoit engagé. On peut juger par la peine que François Ier eut à tenir sur cela ce qu'il avoit promis, de l'opinion qu'on avoit dans le Royaume, de ce Concordat, qu'on nous veut faire passer pour une grande grace de Leon X[e] ; comme si nous pouvions ignorer que le S. Siege en a tiré des avantages tres-considerables. L'usage des Annates, qui avoient été abolies par la Pragmatique Sanction & par le Concile de Basle, n'a-t'il pas été renouvelé ensuite de ce Traité ? Les preventions pour la collation des Benefices n'y sont-elles pas tolerées, au grand préjudice des Ordinaires ? N'y reserve-t'on pas au Pape la collation de plein droit de tous ceux qui vaqueront *in Curia* ? Surquoy donc fonde-t'on l'idée qu'on nous veut donner de la grande liberalité de Leon X[e] dans cette occasion ? Et comment ose-t'on avancer que les Papes peuvent affoiblir ce qui étant autorisé par les deux Puissances, est devenu une Loy de l'Eglise & de l'Etat?

Quand cette maxime seroit veritable, on ne pouroit pas en inferer que les élections étant une fois rétablies, les Papes seroient en droit de les confirmer comme en Allemagne; car qui peut ignorer que ce qui se pratique sur cela en Allemagne, n'est fondé que sur le Concordat Germanique, fait en 1447, entre Nicolas V[e] & Frederic IIIe, qui est particulier à cette Nation? Si par impossible les Papes avoient une fois aboli le Concordat en France, il faudroit en revenir à la Pragmatique Sanction, où nous avons le Tître des Elections, par la disposition duquel tout le monde sçait que le Pape étoit restreint a confirmer seulement les élections des Abbez exemts, & des Prélats qui luy étoient soûmis immediatement, ou dans l'élection desquels il y auroit eu des contestations, qui auroient été portées au S. Siege par degrez.

J'ajoûte à tout ce que j'ay eu l'honneur de vous dire, que quand même, selon la prétension insoûtenable de ces Ecrivains, le Pape seroit en droit de déroger au Concordat, il falloit, pour donner quelque couleur à sa procedure, mettre suivant le style de la Cour de Rome, dans ses Brefs une clause particuliere, par laquelle il parût que Sa S[té] eût dérogé expressément au Concile de Latran, qui a approuvé le Concordat, & au Concordat même, selon la maxime d'Honoré IIIe, qui est autorisee dans le Droit Canonique; *cum id obviet Lateranensi Concilio, de quo nulla est mentio in litteris antè dictis, fraternitati tuæ breviter respondemus, quòd*

Lib. 3. Decretal. tit. 37. de capellis Mona-

chorum & aliorum Relig. cap. 3. *hujusmodi litteras ab Apostolica sede non credimus emanasse; quòd si per occupationem emanaverint, nolumus per hoc derogari Concilio suprà dicto.*

Si le Pape n'approuvoit pas la conduite de M. de Paris, & de M. de Toulouse dans les affaires de Charonne & de Pamiez, leurs fautes pretenduës ne mettoient pas Sa Sainteté en droit de faire une injure à l'Eglise de France: Pour remettre ces Prelats dans les regles, Elle ne devoit pas en sortir; puisque rien ne nous peut porter plus efficacement que son exemple, à les executer; *dominentur nobis regulæ*, disoit autrefois le Pape Celestin I, *non regulis dominemur; simus subjecti Canonibus, cum Canonum præcepta servamus.*

In collectione Romana bipart. Holstenij in Epist. Cœlest. ad Episcopos Illyrij.

Nicolas I. ne traita pas Hincmar comme nos Confreres viennent de l'être: ce grand Pape ne voulut pas juger à Rome les plaintes qui luy furent portées contre cet Archevêque, par quelques Clercs de son Diocése: il eut de la charité pour ces Ecclesiastiques, & honorant en même temps la dignité de Metropolitain, il renvoya l'affaire pour étre jugée dans le Royaume: *Verùm nos nec hos interim justificamus, nec per hoc quemlibet condemnamus, nec facilè vocem istorum spernimus, nec reverentiam tuam improvidè reprehendimus: illud quidem, ne obturare aures ad clamores pauperum, id est, humilium dignoscamur: hoc verò, ne de incognitis immaturè judicare quidpiam videamur.*

Tom. 3. Concil. Galliæ in Epist. Nicolai primi ad Hincmarum Archiepiscopum Remensem, pag. 611.

Ce n'est pourtant pas d'aujourd'huy qu'on a fait à Rome de semblables entreprises: S. Bernard dans son temps s'en plaignoit à Eugene III. *quousque murmur universæ terræ aut dissimulas, aut non advertis? quousque*

Lib. 3. de consideratione cap. 2.

uſque dormitas ? quouſque non evigilat conſideratio tua ad tantam appellationum confuſionem atque abuſionem , quæ præter jus & fas , præter morem & ordinem fiunt ? non locus , non modus , non tempus , non cauſa diſcernitur , aut perſona.

Les regles dont S. Bernard parloit à ce Pape, ſont preſque auſſi anciennes que l'Egliſe; cela eſt aiſé à juſtifier par l'Epître 55 de S. Cyprien, par les Conciles de Nicée , d'Antioche , de Sardique , & de Calcedoine; les Papes les ont autoriſées; elles ſont publiées & executées dans tout le Royaume : Ainſi nous ne pouvons pas être inſenſibles aux bleſſûres qu'on y vient de faire; nous devons même craindre qu'une doctrine auſſi dangereuſe que celle dont on ſe ſert pour les attaquer, ne s'établiſſe peu à peu , & que le progrés qu'elle fera inſenſiblement, n'anime les Officiers de la Cour de Rome à entreprendre ſans ceſſe ſur nôtre Juriſdiction, & à renverſer les regles Canoniques, qui ſont le fondement de nos Libertez.

Nicæn. can. 5. Antiochen. canone 6. Sardic. can. 3. 4. & 7. Chalced. can. 9. & 17.

Le Droit des Ordinaires eſt violé par ces Brefs; puis qu'on exerce une Juriſdiction immediate dans leurs Diocéſes : On n'a pas eu plus d'égard à celuy des Metropolitains; car on les prive de la connoiſſance de ce qui leur appartient , on les excommunie ſans aucune forme , on caſſe leurs Ordonnances ſans les entendre, & on déclare nul tout ce qui s'eſt fait par les Officiers qu'ils ont crû devoir établir en execution des Canons. Enfin tout le Royaume ſouffre viſiblement dans ces procedures , par le Jugement qu'on fait à Rome des affaires qui devoient être renvoyées *in partibus*, selon le Concordat, qui comme je l'ay déja remarqué, est devenu une Loy de l'Etat.

Lors que le Pape aura fait reflexion sur la confusion que ses Brefs peuvent introduire dans l'Eglise, & sur le tort que Sa Sainteté a fait à tous les Evêques du Royaume dans la personne de deux de leurs Confreres, nous devons esperer de sa pieté & de sa Justice, qu'Elle trouvera bon que nous la fassions souvenir de ce que S. Bernard mandoit autrefois
Epist. 180. dans une de ses Lettres à Innocent II : *hoc solet habere præcipuum Apostolica sedes, ut non pigeat revocare quod à se fortè deprehenderit fraude elicitum, non veritate promeritum: Res plena æquitate, & laude digna, ut de mendacio nemo lucretur, præsertim apud sanctam & summam Sedem :* Et que dés que nos plaintes seront parvenuës à son Trône, Elle aura la bonté d'y répondre dans le sens de ces
Lib. 1. Decret. tit. 3. de rescriptis, cap. 5. belles paroles d'Alexandre III ; *Patienter sustinebimus, si non feceritis quod pravâ nobis fuerit insinuatione suggestum.*

Vous avez entendu, MESSEIGNEURS, dans le Rapport que j'ay eu l'honneur de vous faire, les reflexions de Messeigneurs vos Commissaires sur tout ce que vous leur aviez ordonné d'examiner: Il ne me reste plus qu'à vous expliquer les resolutions qu'ils ont estimé qu'on pouvoit prendre dans une conjoncture si importante.

Nous avons consideré, que vous pourriez écrire une Lettre au Pape, comme on l'a fait en d'autres occasions, dans laquelle vous prendriez la liberté de luy representer, que la matiere de la Regale ne meritoit pas que Sa Sainteté portât les choses si avant, que la chaleur qui paroît dans ses Brefs, & l'éclat qu'ils ont fait, sont capables de former des divisions dangereuses, & de commettre l'autorité du S. Siege dans une affaire que tous les Officiers du Roy regardent comme temporelle, & qui par elle-même n'est pas d'une grande consequence pour l'Eglise; que par les Brefs addressez aux Religieuses de Charonne, & au Chapitre de Pamiez, on a troublé l'ordre des jurisdictions; qu'on a violé le Droit des Ordinaires, & celuy des Metropolitains; qu'on s'est élevé au dessus des Constitutions Canoniques, & que ces entreprises sur les Regles les plus Saintes, sont capables, selon la pensée de S. Leon, d'affoiblir l'union que les Eglises de France doivent inviolablement conserver avec le S. Siege; *quoniam universæ pacis tranquillitas non aliter poterit custodiri, nisi sua Canonibus reverentia intemerata servetur.* *Epist. 62.*

Nous avons crû que ces remontrances, quoyque tres-justes & fort bien fondées, ne seroient peut-être pas écoutées comme la voix de toute l'Eglise de France: ce n'est pas que nous ne sçachions que les Evêques peuvent dans tous les lieux où ils se trouvent, être consultez sur les affaires de la Religion, qu'ils sont en droit de donner des réponses, de censurer des livres, de former des décisions, & de pourvoir aux besoins des Eglises qui implorent leur protection. Sans recourir sur cela à l'usage des autres

Eglises, & aux exemples que l'Histoire Ecclesiastique nous fournit, il est constant que ce qui a eté fait dans nos jours touchant le livre de Jansenius, & que les premieres resolutions qu'on a prises pour étouffer cette heresie, justifient le pouvoir d'une Assemblée comme la nôtre, auprés du Pape-même, qui ne pourroit pas blâmer nôtre conduite, si Sa Sainteté ne vouloit en même temps se déclarer contre ce qui a été pratiqué dans cette occasion, & approuvé par ses Predecesseurs.

Mais comme il s'agit presentement de découvrir les blessûres qu'on vient de faire à l'Eglise de France, de faire connoître dans tout le monde, & de representer même à la posterité les entreprises dont nous nous plaignons avec tant de justice; ceux qui par leurs artifices ont engagé le Pape à écrire tous ces Brefs, pourroient peut être persuader à Sa Sainteté, que tout ce que vous prendriez la liberté de luy écrire, vous auroit été suggeré par les impressions de la Cour, & que la flaterie auroit eu plus de part à vos resolutions, que les reflexions que vous auriez faites sur vos obligations.

Quoy que d'ailleurs la charité Episcopale, qui unit si étroitement tous les Prelats du Royaume, pût porter nos Confreres qui sont dans leurs Diocéses, à approuver tout ce que vous auriez reglé dans vôtre Assemblée; comme les affaires presentes sont tres-considerables, & qu'ils y sont également interessez, ils pourroient peut estre trouver mauvais qu'on eût pris des resolutions sans attendre leurs avis, & ſans leur conſentement : Il me ſemble même que je les entends, & que pour nous faire connoître les motifs legitimes de leurs plaintes, ils empruntent l'expreſſion d'une ancienne Aſſemblée d'Evêques : *non prærogativam vindicamus examinis, ſed conſortium tamen debuit eſſe communis arbitrij.*

In Appendice Codicis Theodoſiani.

Si vôtre lettre n'avoit pas le ſuccés qu'on devroit attendre de la juſtice de nôtre Cauſe, & de celle du Pape; qui ſeroit en état, MESSEIGNEURS, de ſuivre cette affaire ? Vous retournerez inceſſamment dans vos Diocéſes ; la réponſe qui viendroit de Rome tomberoit donc entre les mains de ceux de nos Confreres, qui ſe trouveroient en cette Ville, & qui auroient de la peine à ſe déterminer ſur une affaire dont ils n'auroient pas vû les commencemens par eux-mêmes, & dans laquelle vos premieres démarches n'auroient pas eté concertées avec eux: on peut encore ajoûter, MESSEIGNEURS, que ſi les affaires s'échaufant davantage dans la ſuite, on continuë à Rome de faire des procedures ſi préjudiciables à nos Droits & à nôtre autorité ; vôtre Aſſemblée, toute éclairée qu'elle eſt, ne ſeroit pas aſſez puiſſante, pour apporter des remedes efficaces à tout ce qui pouroit arriver dans le cours d'une affaire, qui peut avoir de grandes ſuites.

C'eſt ſur ces raiſons, MESSEIGNEURS, & particulierement ſur cette maxime du Pape Celeſtin, qui eſt autoriſée dans un Concile general, *quia omnes debent noſſe quod agitur, quoties omnium cauſa*

Tom. 1. Concil. General. parte 1. prim. parte Conc. Epheſ.

tractatur; que nous avons crû dans nôtre Commiſſion, que vous n'avez point d'autre party à prendre dans cette occaſion, que de demander au Roy qu'il luy plaiſe vous permettre de vous aſſembler dans un Concile National, ou du moins de convoquer une Aſſemblée generale de tout le Clergé du Royaume, où l'Egliſe de France étant repreſentée par ſes Députez, pourra diſcuter les matieres, élever ſa voix, ſe faire entendre, prendre des reſolutions, & eſperer qu'on aura égard à ſes plaintes & à ſes remontrances.

Et afin que dans le public on ne vous impute pas d'avoir manqué de fermeté dans une occaſion comme celle-cy, & qu'on puiſſe être perſuadé à Rome & dans tout le Royaume, que vous ne vous ſerez déterminez à ce que nous prenons la liberté de vous propoſer, ſi vous croyez le devoir faire, que parce que *plenitudinem Conſacerdotum noſtrorum, ſicut ipſa neceſſitas expoſcebat, non habuiſtis* : nous croyons que vous devez faire imprimer un Procés Verbal bien exact de tout ce qui ſe ſera paſſé dans les differentes Séances de vôtre Aſſemblée, & ordonner à vos Agens de l'adreſſer à tous les Prelats du Royaume; afin qu'étant informez par ce Procés Verbal, des affaires qui vous ont été propoſées, de vôtre conduite, & de vos ſentimens, ils puiſſent ſe mettre plus facilement en état de prendre dans le Concile, ou dans l'Aſſemblée que vous demanderez au Roy, des reſolutions avantageuſes à l'Egliſe & à l'Eſtat,

Tom. 2. Concil. Galliæ in Conc. Pariſienſi cap. 26. ann. 819.

& dont le public & la posterité puissent être également édifiez.

Nous vous faisons d'autant plus volontiers cette ouverture, que nous voyons que nos Predecesseurs assemblez, dans des occasions semblables à celle qui se presente aujourd'huy, à Paris, à Aix-la-Chapelle, au Palais-Vernon, & à Cressy, pour des affaires importantes, sur lesquelles on les avoit consultez, ont demandé *plenitudinem Consacerdotum*, & qu'ils ont supplié les Roys dans leurs temps, d'assembler tous leurs Confreres, dont ils reconnoissoient que les avis & les lumieres leur étoient absolument necessaires; *Cum eis, sicuti cum Magistris & Patribus*, disoient ces grands Hommes, *tractare, & vestræ dominationi consilium dare studebimus.*

Concil. Paris. ibid. Concil. Aquisgr. 2. c. 15. ann. 836. tom. 2. Conc. Gallia. Concil. Vernense 2. can. 11. ann. 844. tom. 3. Conc. Gall. Carisiac. cap 15. ann. 858. tom. 3. Conc. Gall.

Nos Roys ont pris le même party dans les grandes affaires, où ils ont crû que l'Eglise & l'Estat étoient également interessez : Philippe premier convoqua à Troyes une Assemblée des Evêques de son Royaume, pour prendre avec eux des mesures touchant les Lettres qu Urbain second y avoit envoyées : Philippe le Bel dans le temps de son grand differend avec Boniface VIII, assembla le Clergé de France à Paris : Charles VI, Charles VII *, & Louis XII **, prirent dans leurs Regnes la même resolution, pour donner la paix à l'Eglise de France pendant le Schisme, pour y

Epist. 46. Yvonis Carnot.

Histoire de ce differend, page 85.

Charles VI. Histoire du Schisme de du Puy, pages 255. & 350.

* *Charles VII, in proœmio Pragmaticæ Sanctionis.*

** *Louis XII, tome 2. des Preuves des Libertez de l'Eglise Gallicane, page 776.*

établir une discipline uniforme aprés le Concile de Basle, & pour opposer un remede salutaire aux procedures violentes de Jules second. On voit dans l'Instruction que François premier donna en 1532, aux Cardinaux de Tournon & de Grammont, qu'on luy avoit demandé le même secours, pour délivrer l'Eglise Gallicane de plusieurs servitudes, que la Cour de Rome luy avoit imposées. Enfin François second procura la continuation du Concile de Trente par la resolution qu'il prit en 1560, d'assembler l'Eglise de France, pour resoudre ce qu'on jugeroit à propos de proposer à ce Concile general, & pour reformer cependant, & en attendant qu'on l'eût rassemblé, *les abus qui s'étoient introduits dans la Maison de Dieu.*

Tome 1. des preuves des Libertez de l'Eglise Gallicane, page 899.

Tome 1. des preuves des Libertez de l'Eglise Gallicane, page 457.

Si dans une occasion aussi importante que celle-cy vous suivez tant de grands exemples, nous esperons, MESSEIGNEURS, que Dieu benira vôtre resolution, & que ce que vous ferez, ne pouvant manquer d'être approuvé de tout le monde, pourra même selon la pensée d'un ancien, servir d'exemple à nos successeurs; *Et quod hodie exemplis tuemur, inter exempla erit.*

MEsseigneurs les Cōmissaires ayant ensuite parlé avec une grande érudition sur les mêmes matieres, Monseigneur l'Archevêque de Reims a été remercié par toute la Compagnie, d'avoir expliqué avec tant de netteté & de doctrine, d'éloquence & de dignité, une matiere aussi étenduë & aussi importante. Messeigneurs

ſeigneurs les Commiſſaires ont été auſſi remerciez d'avoir travaillé ſur ces affaires avec tant d'exactitude & de capacité, & d'avoir voulu communiquer ſur ce ſujet leurs lumieres à la Compagnie.

Etant prés de huit heures du ſoir, la Séance a été remiſe au lendemain huit heures du matin.

DU VENDREDY II MAY,
à huit heures du matin,

Monſeigneur l'Archevêque de Paris Preſident.

CHacun s'étant rendu au lieu de l'Aſſemblée, ayant pris ſa ſéance, & fait la Priere, pluſieurs de Meſſeigneurs ont opiné avec une grande érudition: La Séance a duré juſqu'à midy, & l'Aſſemblée a été remiſe à deux heures.

DU MESME JOUR,
à deux heures de relevée,

Monſeigneur l'Archevêque de Paris Preſident.

MESSEIGNEURS ont continué d'opiner tres-doctement: Apres quoy Monſeigneur le Prefident reprenant toute la matiere, a parlé avec tant de force, & une si profonde érudition, que chacun en a témoigné une satisfaction extraordinaire.

Messeigneurs ayant achevé d'opiner, l'Avis de Messeigneurs les Commissaires a été loüé, approuvé, & reçû, par une Deliberation unanime. Monseigneur le President, avec Messeigneurs les Commissaires ont été priez de rendre cônte au Roy de ce qui s'est passé, & de le remercier de la protection qu'il a donnée à cette Assemblée, luy en demander la continuation pour le Clergé, supplier Sa Majesté qu'il luy plaise de permettre aux Prelats de son Royaume de s'assembler en Concile National, ou de convoquer au moins une Assemblée generale du Clergé, composée de deux Deputez du premier Ordre, & de deux du second de chaque Province: lesquels Deputez du second Ordre seront choisis parmy les plus considerables par leur pieté, leur sçavoir & leur experience, & dont le merite sera le plus connu dans les Provinces: & attendu la qualité des matieres, ils n'auront dans cette Assemblée qu'une voix consultative: dans laquelle Assemblée on puisse prendre des resolutions convenables au bien de l'Eglise & de l'Etat. Et à l'égard des Livres des Sieurs Gerbais & David, la Compagnie a approuvé le Jugement que Messeigneurs les Commissaires ont porté de celuy du Sieur Gerbais, & reçû l'Eclaircissement donné par le Sieur David. A été aussi unanimement resolu, qu'il sera dressé un Procés-verbal de tout ce qui s'est fait & passé dans les differentes Séances de cette Assemblée, dans lequel sera inseré le Rapport de Monseigneur l'Archevéque de Reims (que la Compagnie l'a prié de donner) avec le Jugement de Messeigneurs les Commissaires sur le Livre du Sieur Gerbais, & les Eclaircissemens donnez par le Sieur David sur son Livre des Jugemens Canoniques des Evéques: Que le Procés-verbal ayant été dressé par Messieurs les Agens, & revû par Messeigneurs les Commissaires, il seroit signé par Monseigneur le President, & par toute la Compagnie, attendu l'importance de la matiere; en suite imprimé & envoyé à tous Messeigneurs les Prelats du Royaume: Et Messeigneurs les Commissaires ont été priez d'ordonner aux Agens ce qu'ils estimeront necessaire pour l'execution de la presente Déliberation. La Compagnie a aussi ordonné que le present Procés-verbal, & les pieces Originales y énoncées seront incessamment remises dans les Archives du Clergé.

DV IEVDY VIII MAY 1681, à huit heures du matin,

Monseigneur l'Archevêque de Paris President.

MEsseigneurs s'étant rendus en la Salle de l'Archevêché, & la Priere faite, Monseigneur le President a dit, que suivant l'ordre de l'Assemblée,

Messeigneurs les Commissaires & luy avoient examiné & revû le Procés Verbal, que s'il plaisoit à la Compagnie, on en feroit la lecture; & la lecture ayant été faite, le Procés Verbal a été signé. FAIT à Paris au Palais Archiepiscopal, les jours & an que dessus. Ainsi signé en l'Original,

FRANÇOIS, Archevêque de Paris, President.

JEAN DE MONTPEZAT DE CARBON, Archevêque de Sens.

CHARLES M. LE TELLIER, Archevêque Duc de Reims.

CHARLES, Archevêque d'Ambrun.

MICHEL, Archevêque de Tours.

HYACINTHE, Archevêque d'Alby.

LOUIS, Evêque de Carcassonne, nommé à l'Archevéché de Bordeaux.

CLAUDE, ancien Evêque de Coûtance.

HENRY DE LAVAL, Evêque de la Rochelle.

FRANÇOIS, Evêque d'Amiens.

DENIS, Evêque de Senlis.

MICHEL, Evêque de Castres.

FRANÇOIS, Evêque de Bethléem.

ARMAND DE BETHUNE, Evêque du Puys.

GABRIEL, Evêque d'Autun.

EDOÜARD, Evêque de Nevers.

J. BENIGNE, ancien Evêque de Condom, nommé à l'Evéché de Meaux.

LOUIS, Evêque du Mans.

LOUIS ANNE, Evêque de Senez.

L. M. AR. Evêque Duc de Langres.

PAUL PHILIPPE, Evêque d'Acqs.

LOUIS, Evêque de Vence, nommé à l'Evéché de Cisteron.

CHARLES DE PRADEL, Evêque de Montpellier.

ANNE TRISTAN DE LA BAUME DE SUZE, ancien Evêque de Tarbes.

Jacques Potier, Evêque de Cisteron, nommé à l'Evéché d'Evreux.

Jean Baptiste de Beaumanoir de Lavardin, Evêque de Rennes.

Charles le Goux de la Berchere, Evêque de Lavaur.

André Colbert, Evêque d'Auxerre.

F. de Bouthillier, Evêque de Troyes.

Louis Ant. Evêque Comte de Chaalons.

Pierre Dulaurens, Evêque du Bellay.

Pierre Evêque de Mirepoix.

Jean Baptiste d'Estampes, nommé à l'Evéché de Marseille.

François de Poudenx, nommé à l'Evéché de Tarbes.

Hypolite de Bethune, nommé à l'Evéché de Verdun.

Henry Guillaume le Jay, nommé à l'Evéché de Cahors.

LOUIS JOSEPH DE GRIGNAN, nommé à l'Evéché de Carcaſſonne.

HUMBERT ANCELIN, nommé à l'Evéché de Tulles.

LOUIS HABERT DE MONTMORT, nommé à l'Evéché de Perpignan.

ANTOINE LE COMTE, nommé à l'Evéché de Graſſe.

JEAN D'ESTRÉES, nommé à l'Evéché de Laon.

Et plus bas,

Par Meſdits Seigneurs,

L'ABBÉ DE BESONS, Agent general, & Secretaire de l'Aſſemblée.

Extrait du Privilege du Roy.

LE Roy par ses Lettres Patentes a permis à Federic Leonard son Imprimeur ordinaire & du Clergé de son Royaume, d'imprimer, vendre & debiter tous les *Edits*, *Declarations*, *Arrests*, *Remontrances*, *& generalement toutes les choses qui regardent le Clergé, ou qui luy seront baillées par les Assemblées generales ou par les Agens generaux du Clergé de France*, & ce pour le temps & espace de vingt ans; avec défences à tous autres de les imprimer, faire imprimer, contrefaire, ny d'en avoir d'autres que de l'impression dudit Leonard, à peine de six mille livres d'amende, confiscation des Exemplaires, dépens, dommages & interests, comme il est porté plus au long par lesdites Lettres. DONNÉES à S. Germain en Laye le 4. Decembre, l'an de grace mil six cens soixante quatorze. Et de nostre Regne le trente-deuxiéme. Par le Roy en son Conseil. Signé, DESVIEUX. Et scellées.

www.ingramcontent.com/pod-product-compliance
Ingram Content Group UK Ltd.
Pitfield, Milton Keynes, MK11 3LW, UK
UKHW021820190726
13853UKWH00003B/1092

9 782329 580043